Reiseführer
Himalaya

Foto Titelseite:

Annapurna II (7.937 m hoch), Himalaya-Südflanke, mit einer riesigen Lawine, die auf den Lawinenkegelgletscher (Madi Khola-Gletscher) am Wandfuß abstürzt.

Heidi Rüppel/Jürgen Apel GbR
LSRB-Verlag
Unterdorfstraße 13
37217 Witzenhausen

Telefon: 05542 - 4868 Telefax: 05542 - 4870

Lektorin:	Brigitta Bauer, Eisenach
Satz und Gesamtlayout:	H. Rüppel/J. Apel GbR · LSRB-Verlag
Litho und Druck:	Repro + Druck Boxan, Kassel
Buchbinderei:	Kilanowski, Kassel

ISBN 3-932767-01-2

Verfasser und Herausgeber
Dipl. Geograph Jürgen Apel
Dipl. Geographin Heidi Rüppel

Landschafts-Studien-Reiseführer
HIMALAYA

Nordindien · Pakistan · Nepal · Bhutan · Tibet

Mit 25 Abbildungen, 5 Tabellen, 32 Farbfotos und 2 Karten

Heidi Rüppel /Jürgen Apel GbR
LSRB-Verlag · Witzenhausen
Landschaftskundlicher-Studien-Reisebuch-Verlag

Inhalt

Vorwort

Liebe Leserin, lieber Leser,

dieser Reiseführer informiert Sie über die Entstehungs- und Entwicklungsgeschichte des Himalayas sowie seiner naturräumlichen Ausstattung. Bestimmte Klimaverhältnisse und geologische Prozesse haben ihn im Laufe von Jahrmillionen geformt und zu dem werden lassen, was er heute ist, eine der schönsten und beeindruckendsten Gebirgslandschaften der Erde.

Auf Reisen durch den Himalaya erfährt man auf engstem Raum die größten Landschaftsgegensätze, die es auf der Erde gibt. Trekkingtouren führen durch verschiedene Klimazonen, von feucht-tropischen Gebirgsfußbereichen der Himalaya-Südseite hinauf in arktische schnee- und eisbedeckte Hochregionen und in trocken-kalte wüstenhafte Hochtäler. Dabei werden verschiedene Vegetationshöhenstufen durchstreift, die sich entsprechend der wechselnden Klimabedingungen ausgebildet haben.

Flüsse, Seen, Moränen und Geröllfelder, aber auch Gletscher sind ständige Begleiter auf dem Weg zu den Pässen und Gipfeln. Es werden Gletscher überquert oder Lagerplätze am Fuße solcher aufgestellt. Auch die zahlreichen Seen, in denen z.T. auch gebadet werden kann (Thermalquellen), sind beliebte Lagerplätze. Man wandert durch einen riesigen Park von Natursehenswürdigkeiten. Da drängt sich dem einen oder anderen wohl die Frage nach der Entstehung und Entwicklung dieser Natursehenswürdigkeiten auf.

Der Beantwortung dieser Frage sind wir in diesem Landschafts-Studien-Reiseführer nachgegangen. Von den zahlreichen innerhalb der Himalayaländer auftretenden Natursehenswürdigkeiten haben wir einige, bekannte und weniger bekannte, ausgewählt und näher erklärt.

Um bestimmte Erklärungen und Sachverhalte besser begreifen zu können, erschien es uns wichtig, bei einigen Kapiteln ein wenig geowissenschaftliches Grundlagenwissen vorwegzuschicken. Was nützen einem spezielle Informationen über die Geologie und Tektonik des Himalayas, wenn man den Aufbau der Erde und die Mechanismen, die zur Entstehung eines Gebirges führen, nicht kennt. Das gleiche gilt für das Klima. Wie will man das für den Himalaya so charakteristische und wetterbestimmende Monsunphänomen verstehen, wenn man keine Kenntnisse über den allgemeinen atmosphärischen Zirkulationsmechanismus der Erde besitzt.

Der Grundlagenteil, der in kompremierter und dennoch verständlicher Form physisch-geographisches bzw. geologisches Grundlagenwissen vermittelt, ist jedoch kein „Muß". Wer will, kann auch gleich die Erklärungen zu einzelnen Sehenswürdigkeiten und Phänomenen nachschlagen, ohne den Grundlagenteil vorher gelesen haben zu müssen. Zahlreiche Abbildungen, Tabellen und Farbfotos dienen dabei als Veranschaulichungsmaterial und sollen das Verstehen erleichtern.

An dieser Stelle möchten wir uns noch einmal ganz herzlich bei Herrn Prof. Dr. M. Kuhle vom Geographischen Institut Göttingen für die Bereitstellung des Bildmaterials bedanken.

Mit Hilfe der Fotos kann gezeigt werden, wie bestimmte Natursehenswürdigkeiten, die im Buch beschrieben und erklärt werden, in der Natur aussehen. Die Aufnahmen, die meist aus ungewohnten Perspektiven aufgenommen worden sind, zeigen z.T. bekannte und schon vielfach abgelichtete Sehenswürdigkeiten wie den Machapuchare in einem ganz anderen Erscheinungsbild.

Wir hoffen, daß Sie diesem Reiseführer, der durch sein handliches Format auf Reisen gut mitgenommen werden kann, nützliche Informationen und Erklärungen entnehmen können.

Witzenhausen, im Februar 1998

Heidi Rüppel/Jürgen Apel

Der Himalaya

Der Himalaya ist das gewaltigste Gebirgssystem der Erde. Anteil am Himalaya haben die Länder Indien, Pakistan, Nepal, Bhutan und China (Tibet). Er erstreckt sich zwischen den Durchbruchstälern des Indus im Westen und des Tsangpo (Bramaputra) im Osten. Tsangpo und Indus trennen die Gebirge Transhimalaya und Karakorum vom ca. 2.500 km langen und rund 100 - 300 km breiten Haupt-Himalayabogen, der aus mehreren hintereinandergeschalteten Gebirgsketten zusammengesetzt ist.

Plattentektonisch gesehen gehören alle drei Gebirgszüge demselben tertiären alpidischen Gebirgssystem an, welches durch die Subduktion der indischen unter die eurasische Platte entstanden ist. Somit ist unter dem Begriff Himalaya, der gesamte alpidische Gebirgskomplex zu verstehen, der den Indischen Subkontinent gegen das Hochland von Tibet und Zentralasien begrenzt.

Das Himalayagebirgssystem besteht im wesentlichen aus vier Hauptgebirgsketten. An die Tarai, eine dem Gebirge vorgelagerte Ebene auf der Himalaya-Südseite, schließen sich die etwa 1.500 m hohen Siwalik-Bergketten an (Niederer-Himalaya). Darauf folgt der Vordere-Himalaya, dessen Gebirgsketten das Mittelland Nepals umfassen bis in Höhen von ca. 4.000 m. Hierzu zählen die Gebirgsketten Pir-Panjal und Mahabharet-Lekh. Mehrere kleinere und größere Becken, wie das Becken von Kashmir, Kathmandu und Phokara, befinden sich zwischen Vorderem-Himalaya und den Siwalik-Ketten.

Der Hohe-Himalaya bildet die Hauptkette des Himalayas und überragt das Mittelland um 3.000 - 4.000 m. Die höchste Erhebung dieser Gebirgskette ist der Mt. Everest mit 8.848 m. Die vierte Gebirgskette bildet der Transhimalaya, der wiederum aus drei Einzelketten zusammengesetzt ist. Durch das breite Yarlung-Tsangpo-Tal wird er vom Hohen-Himalaya getrennt. Die westliche Verlängerung dieser Gebirgskette bilden Karakorum- und Pamir-Gebirge. Sie sind die westlichsten Gebirgszüge des Himalayas.

Der Himalaya wird auch als Klimascheide bezeichnet, da er die tropisch-feuchte Gangesniederung auf weniger als 100 km Wegstrecke vom kaltgemäßigten, kontinental-trockenen Tibet trennt. Im Sommer schirmt er Tibet vor dem Monsun ab, im Winter bewahrt er Indien vor den kalttrockenen Stürmen.

Reiserouten und Natursehenswürdigkeiten

Der Himalaya wird auf verschiedenen Routen innerhalb der fünf Himalayaländer bereist. Die Hauptreiserouten, die hier in einer generalisierten Zusammenstellung aufgeführt sind, können innerhalb eines Landes oder auch länderübergreifend verlaufen. Sie beinhalten die meist gewählten Reiserouten von Reiseveranstaltern und grenzen bestimmte Reisegebiete innerhalb des Himalayabogens ab.

Zu einem Großteil werden sie zu Fuß, aber auch mit dem Bus und zum Teil mit dem Flugzeug zurückgelegt. Meist führen sie in oder um ein bestimmtes Gebirgsmassiv herum oder folgen großen Talzügen und Flußläufen.

Die größten Ankunftsflughäfen befinden sich auf der Himalaya-Südseite, in Dehli und Kathmandu. Von dort aus wird die üppig grüne, bewaldete Himalaya-Südseite mit ihrer charakteristischen Vegetationshöhenstufung durchquert. Es werden Pässe und Täler überwunden, wodurch man von einer Himalayakette zur nächsten gelangt. Der klimatische Einfluß von Luv- und Leelage macht sich dabei bemerkbar. Im Luv einer Gebirgskette regnet es häufig, und im Lee herrscht trockenes, schönes Wetter. Daher sind die feuchten Gebirgsseiten mit reichlich Vegetation und die trockenen Hochgebirgstäler mit spärlichem Vegetationsbesatz versehen.

Zwischen den östlichen und westlichen Himalayaländern besteht ebenfalls ein großer klimatischer Unterschied, der sich im Landschaftsbild widerspiegelt. Entlang der Reiserouten wird dem Reisenden ein sehr abwechslungsreiches Landschaftsprogramm präsentiert.

Klassische Reiserouten

Nordindien

1. Von Bagdogra über Darjeeling ins Kanchenjung-Gebiet (Sikkim).
2. Zu den Quellen des Ganges nach Gaumukh und rund um den Nanda-Devi.
3. Quer durch Zanskar (Kashmir), von Leh (Ladakh) nach Padam.
4. Nordindien/Pakistan-Tour, von Srinagar zum Indus, dem Indus folgend nach Skardu, Lamayura, Leh und über den Himalaya-Hauptkamm nach Manali und Dharamsala.

Die östlichste Reiseroute Nordindiens führt durch den feuchteren Ost-Himalaya, von West-Bengal aus durch Sikkim. Von Bagdogra aus geht es über Darjeeling, was berühmt ist für seinen Tee, nach Gangtok, der Hauptstadt Sikkims und weiter ins **Kanchenjung-Gebiet.** Auf der Route durchstreift man die verschiedenen Vegetationshöhenstufen, die eine bedeutende Sehenswürdigkeit der Himalaya-Südseite darstellen, bis man in die vegetationslose, vergletscherte Hochgebirgsregion gelangt.

Die weiter im Westen durch Uttar Pradesh verlaufende Route zu den **Gangesquellen** führt durch die bewaldeten Siwalik-Ketten, von Rishikesh am Ufer des Ganges entlang hinauf nach Gaumukh. Danach geht es in die Gletscherwelt der Hochgebirgsregion nach Gangotri zum Gangotri-Gletscher, Kirti-Gletscher und Mt. Meru-Gletscher. In Badrinath trifft man auf heiße Quellen. Ein weiteres Anlaufziel ist der Bergsee bei Hemkund und die Umrundung des **Nanda-Devi** (s. Foto 1, S.17).

Die Route von der in einem Gletscherzungenbecken gelegenen Siedlung Leh (s. Foto 16, S. 94) nach Padam führt quer durch das im trokkenen, vegetationsarmen West-Himalaya gelegene **Zanskar** (s. Foto 3, S. 19).

Auf der **Nordindien/Pakistan-Tour** fährt man von Srinagar aus zum Indus und diesem folgend nach Skardu (s. Foto 22, S. 108) und Lamayura. Bei beiden Ortschaften findet man als Zeugen der Vergangenheit weißlich-gelbliche Seesedimente, die die Existenz eiszeitlicher Seen im Industal bezeugen.

Land	Route	Sehenswürdigkeit	Seite
Nord-indien	1.	Vegetationshöhenstufen	81 f.
	2.	Gangotri-Gletscher Heiße Quellen	133 12
	3.	Indus Anastomosierendes Gewässernetz Gletscherzungenbecken (Leh)	104 113 92, 130
	4.	Seesedimente von Skardu und Lamayura Becken von Kashmir	116 151
Pakistan	5.	Flußstauungen des Hunza-Flusses Felszeichnungen bei Chilas Tarbela-Staudamm Minapin-Gletscher Karakorum-Eisstromnetz	112 15 48 133 123

Pakistan

5. Auf dem Karakorum-Highway von Islamabad über Chilas, Gilgit ins Hunzagebiet und zum Khunjerab-Paß.

Auf der Route am Westrand des Himalayabogens trifft man zunächst bei Chilas im Industal auf Felszeichnungen. Eisen- und Mangankrusten, die die Granitfelsen überziehen, dienen als Grundlage für die Felszeichnungen. Nordwestlich von Islamabad liegt der große Indusstaudamm Tarbela, dessen Existenz aufgrund der tektonischen Aktivitäten im Himalaya sehr fragwürdig ist.

Entlang des **Karakorum-Highways** durchstreift man die stark vergletscherte Hochgebirgswelt des Karakorums. Eine Wanderung über den Minapin-Gletscher und zum Gulkin-Gletscher stehen meist mit auf dem Programm der Veranstalter.

Nepal

6. Umrundung des Annapurna-Massivs.
7. Rund um den Manaslu.
8. Verborgenes Land Dolpo in West-Nepal.
9. Touren ins Everest-Gebiet (Ost-Nepal).

Auf dem Weg in die **Annapurna-Berge** (s. Foto 6, S. 22) trifft man auf einige Natursehenswürdigkeiten wie die heißen Quellen von Tatopani im Kali Gandaki-Tal, die zu einem Bad einladen. Nach Besichtigung des Chitwan-Nationalparks geht es zum Langtang-Nationalpark. Der Weg dorthin führt am Begnas-See vorbei über die Ortschaft Tal, die auf einem ehemaligen Seeboden liegt. Vom Annapurna-Basislager aus kann man ein Amphitheater aus Gletschern und Bergen betrachten. Besichtigt wer-

Land	Route	Sehenswürdigkeit	Seite
Nepal	6.	Heiße Quellen von Tatopani	12
		Frostmusterböden im Dhaulagiri- und Annapurna-Gebiet (auch am Rongbuk- u. Khumbu-Gletscher, Muktinath)	146
		Machapuchare (Karling)	127
		Brennende Dauerflamme in Muktinath	39
	7.	Heiße Quellen bei Chame	12
	8.	Kalksteinfalten (Dolpo, West-Nepal)	46
	9.	Mount Everest (eisfreie Gipfelpyramide)	47, 98, 135, 136
		Khumbu-Gletscher (Eispyramiden)	126, 132, 134

den auch der Langtang- und Lirung-Gletscher.

Von weither erscheint die markante Bergform des Machapuchare (s. Foto 4, S. 20), der auch als nepalesisches Matterhorn bezeichnet wird. Es handelt sich um einen Karling, der durch die erodierende Wirkung des Gletschereises seine Form erhalten hat.

Dem Kali Gandaki-Fluß folgend nach Mustang, an der Grenze zu Tibet gelegen, stößt man in Muktinath auf eine brennende Dauerflamme. Dieses Naturschauspiel beruht auf einem natürlichen Austritt von Erdgas, welches durch Gesteinsrisse und -poren von den schwarzen Ammoniten-Schiefern im Untergrund an die Oberfläche gelangt.

Im Kali Gandaki-Tal findet man Aufschlüsse dieser schwarzen Ammoniten-Schiefer. Pilger hämmern hier Ammoniten-Fossilien (einstige Meeresbewohner der Tethys) aus dem anstehenden Gestein heraus und tragen sie als Amulett auf ihren Wanderungen mit.

Auf Touren rund um den **Manaslu** (s. Foto 5, S. 21) und zum Manaslu-Gletscher trifft man bei Chame auf **heiße Quellen**. Sie stehen wie auch die anderen heißen Quellen in Zusammenhang mit den tektonischen Hebungsvorgängen des Himalayas, die mit Erdbeben und Vulkanismus verbunden sind. An tektonischen Schwächezonen (Verwerfungen) erhitzt vulkanische Wärme das Grundwasser, welches als heiße Quelle im Untergrund verbleibt oder die Oberfläche erreicht. Auch Seen erhalten dadurch angenehme Wassertemperaturen zum Baden.

Reisen nach **Dolpo** führen in den trockenen Teil Nepals (400 mm Niederschlag im Jahresdurchschnitt), der durch das Dhaulagiri-Gebirgsmassiv vom regenreichen Monsun abgeschirmt wird. Nur mit künstlicher Bewässerung kann auf den angelegten Terrassen, die um die Dörfer herum angelegt sind, Landwirtschaft betrieben werden. Dort, wo die Böden nicht mehr bewässert werden, enden auch abrupt die grünen Felder.

Touren ins **Everest-Gebiet**, zum höchsten Berg der Erde (s. Foto 28, S. 137), folgen meistens von Jorsala aus dem Dudh Kosi flußaufwärts. Als Hauptattraktion steht der Khumbu-Gletscher mit seinen prächtigen Eispyramiden auf dem Programm. Das mächtige Gletscherzungenende liegt in Dughla.

Bhutan

10. Rund um den Chomolhari, dem höchsten Berg Bhutans.

Die Route in Bhutan führt vom Flughafen in Paro aus nach Thimpu, der Hauptstadt Bhutans. Danach folgt die Umrundung des **Chomolhari**, der ebenfalls wie der Machapuchare in Nepal ein durch Gletschereis zugeschliffener Karling ist. Jimilangtso-See und Simkota-See liegen auf dieser Route. Es werden viele Pässe wie Nygelela-Paß, Go-

Abb.1 Übersichtskarte der Reiserouten

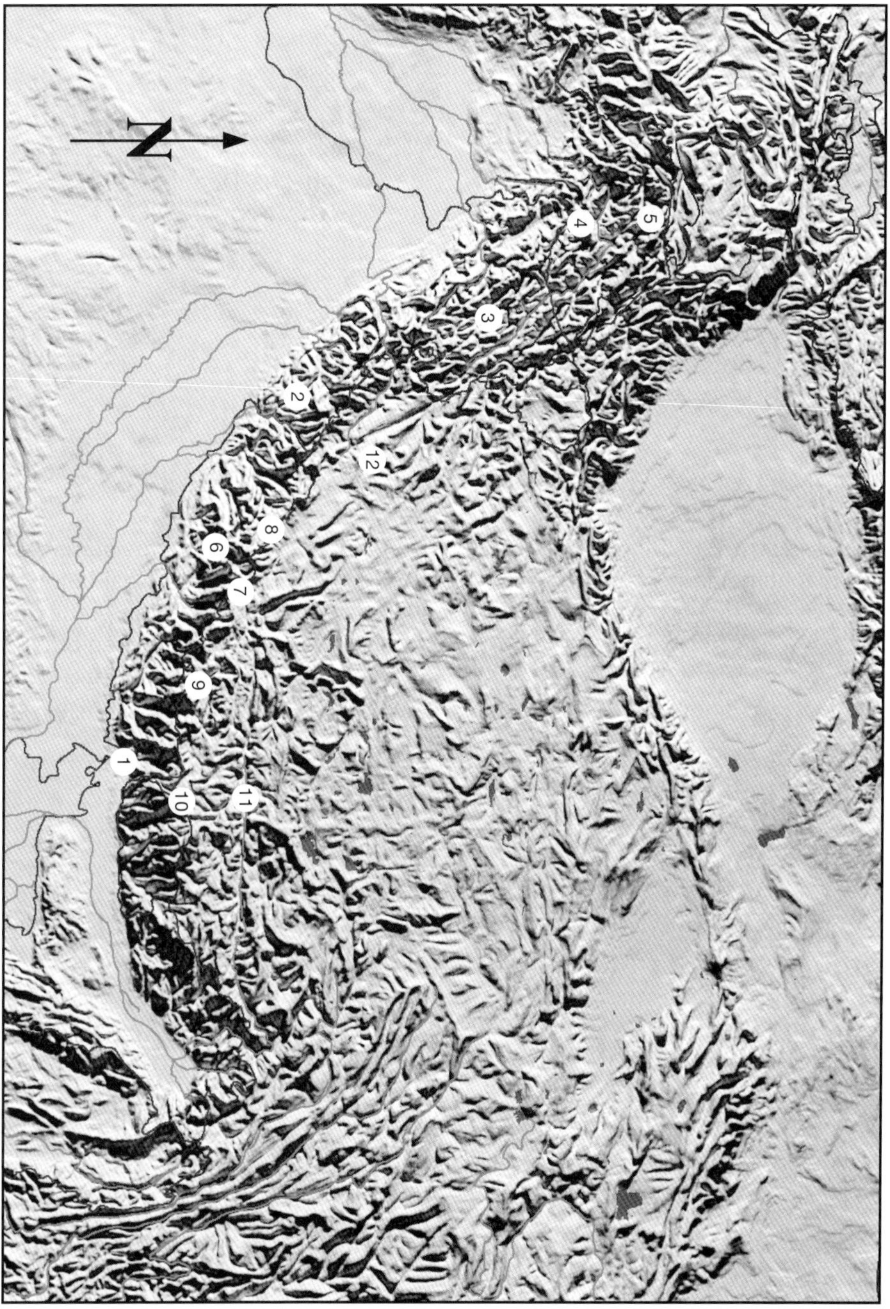

luns-Phu, Lingshi und Chesiba überwunden. Man nennt die rund 340 km lange Chomolhari-Trekkingtour daher auch „Snowman-Trek".

Auf der Route durch Bhutan zählt die Vegetationshöhenstufung der Himalaya-Südseite wie in den angrenzenden Ländern Sikkim und Nepal mit zu der größten Natursehenswürdigkeit. Vom tropischen Dschungelwald der Tiefebene aus führen die Routen durch unterschiedliche Vegetationszonen hinauf zu den Gletschern der Hochregion.

Tibet

11. Südost-Tibet-Tour, von Tingri über Schigatse nach Lhasa.
12. Südwest-Tibet-Tour, rund um den Kailash-Berg und zum Sutlej.

Bei der **Südost-Tibet-Tour** besichtigt man zunächst den auf der Everest-Nordseite liegenden Rongbuk-Gletscher. Danach führt die Route weiter über Tingri nach Lhasa. Dabei wird das Yarlung-Tsangpo-Tal (s. Foto 19, S. 105) mit der Yarlung-Tsangpo-Sutur (Plattengrenze von Indien und Eurasien) von SW nach NO durchquert. Nach Überqueren des Tsangpo trifft man in der Nähe des Klosters Samye auf heiße Quellen. Südlich von Lhasa, auf der Südseite des Tsangpo, befindet sich der Yamdrok-See (s. Foto 18, S. 96).

Entlang des Yarlung-Tsangpo-Tals führt die Route nach **Südwest-Tibet** zum Manasarowar-See. Der Kailash-Berg (s. Foto 8, S. 24), an dem Indus und Tsangpo entspringen, wird umrundet.

Im trockenen Nordwesten Tibets hat der Sutlej-Fluß bei Tholing und Tsaparang eine bizarre Canyonlandschaft geschaffen.

Land	Route	Sehenswürdigkeit	Seite
Bhutan	10.	Chomolhari (Karling)	127
		Kanchenjunga (Kangchendzönga)-Gletscher	133
		Eisabbrüche im Pho Chu-Tal	115
Tibet	11.	Geothermisches Feld von Yangbajain	49
		Rongbuk-Gletscher	68, 134
		Yarlung-Tsangpo	44, 104, 109
		Dünenbidung auf Gleitufer	109
		Yamdrok-See	113, 114
	12.	Kailash-Berg	46
		Manasarowar-See	113, 114
		Canyonlandschaft des Sutlej	111

Verknüpfung von Kultur und Natur

Entlang der Reiserouten werden Flüsse überquert oder talaufwärts begleitet. Man trifft auf Seen, heiße Quellen, Gletscher, Moränenfelder und andere Natursehenswürdigkeiten. Auch kulturelle Einrichtungen wie die zahlreichen im Himalaya verstreut liegenden Tempel- und Klosteranlagen oder kunstvolle Felszeichnungen sind Wegbegleiter auf den Reisen. Sehr oft treffen Natursehenswürdigkeiten mit kulturellen Sehenswürdigkeiten zusammen.

Einige Beispiele zeigen, daß Kunst und Kultur sehr oft in unmittelbarem Zusammenhang mit in der Natur vorkommenden Phänomenen und Sehenswürdigkeiten stehen.

Zahlreiche Gletscherseen, Flüsse und Berge sind heilig gesprochen und zu Kultstätten ernannt worden.

Bei der Auswahl und Gründungsgeschichte buddhistischer Tempel und Klöster spielten bestimmte Oberflächenformen und Naturphänomene eine Rolle. Einige Klöster und Tempelanlagen wurden an oder über „heißen Quellen" errichtet, die bekanntlich an Zerrüttungs- und Verwerfungslinien der Erdkruste angelehnt sind und damit ein geologisches Phänomen darstellen. Der Tempel von Badrinath, im Quellgebiet des Alkanada (Quellfluß des Ganges), thront über einer 60° heißen Quelle. Das dampfende Wasser der heißen Quelle rieselt über die Felsen und bildet dichte Quelltuffe.

In Nordwest-Bhutan, im mittleren Mo Chu-Tal liegt ein Gaza Dzong, der berühmt ist für seine heilenden heißen Quellen. Auch im Garhwal Himalaya befindet sich ein Tempel unterhalb eines Gletschersees, an dem eine kochendheiße Quelle entspringt. Es handelt sich um das Vishnu-Heiligtum Yamunotri am Fuß des Berges Bandarpunch (6.320 m). Das heiße Wasser wird in ein Badebecken der Tempelanlage geleitet.

Ein weiteres schönes Beispiel für das Zusammenspiel von Kultur und Natur ist das Kloster Trimyer in der Barbung-Schlucht von Dolpo, im Nordwesten von Nepal. Das Kloster hat sich für seinen Standpunkt ein geologisches Phänomen, eine großartige Faltung in den marinen Kalksedimenten des frühen Tethys-Ozeans ausgesucht. Die ehemals flach lagernden Kalksteinschichten sind im Zuge der Himalayabildung verformt und gefaltet worden.

Die Wiege der Kultur Tibets in Form eines kleinen Königreichs entstand vor zwei Jahrtausenden im Yarlung-Tsangpo-Tal, an den Ufern des Tsangpo. Gleichzeitig ist dies aber auch der Geburtsort des Himalayas, da hier die indische und eurasische Platte zusammenstoßen.

Kunstvolle **Felszeichnungen** entlang des Indus bei Chilas in Nord-

Pakistan sind auf Granitfelsen mit einem Überzug von schwarzem, glänzendem Wüstenlack eingekritzt. Dabei handelt es sich vor allem um Mangan- und Eisenoxide, die an der Gesteinsoberfläche eine Verwitterungskruste bilden.

Besonders in den Trockengebieten wird durch die starke Sonneneinstrahlung und hohe Verdunstungsrate das im Gestein befindliche, aus episodischen Regenfällen oder aus nächtlicher Abkühlung und Befeuchtung stammende Wasser an die Gesteinsoberfläche gezogen, wo es verdunstet und die im Wasser gelösten mineralischen Stoffe (Eisen, Mangan) zurückbleiben.

Die Künstler haben dieses Naturphänomen für ihre Zeichnungen, die Jahrhunderte erhalten bleiben können, genutzt und damit ein weiteres Beispiel für die Verschmelzung von Kunst/Kultur und Natur geliefert.

Foto 1, S. 17 Zu sehen ist die Rhishi Ganga-Schlucht, eine der extremsten Schluchten der Erde. Das Foto wurde aus 3.700 m Höhe nach Norden aufgenommen, vom Gipfel des Latakobri (3.800 m) die Schlucht des Rhishi Ganga aufwärts nach Ost-Südosten zum **Nanda Devi** gesehen. Der in gut 25 km Entfernung liegende Gipfel des Nanda Devi ist mit seinen 7.816 m Höhe der höchste Berg Indiens. Vom Schluchtboden bis zum Gipfel des Nanda Devi beträgt der Höhenunterschied rund 5.300 m.

Foto 2, S. 18 Blick über das obere **Industal in Ladakh** in Richtung Südwesten auf 5.000 - 6.000 m hohe Gipfel des Zanskar-Himalayas. Bemerkenswert sind die großen Schwemmschuttfächer.

Foto 3, S. 19 Die Aufnahme zeigt das **Suru-Tal** (Karchanar) mit Mattenvegetation zwischen der Siedlung Kargil und den höchsten Gipfeln des Zanskar-Himalayas. Talaufwärts, in Richtung Südwesten gesehen, befindet sich das Nun Kun-Gebirgsmassiv. Der rechte höhere Gipfel ist der Nun mit einer Höhe von 7.315 m. Der linke niedrigere Kun-Felsgipfel ist rund 7.077 m hoch.

Foto 4, S. 20 Die Aufnahme zeigt den 6.993 m hohen **Machapuchare** in der Annapurna-Gruppe, der durch eine annähernd allseitige Karvergletscherung zu einem klassischen Karling geformt worden ist. Hier aus dem Modi Khola, aus 1.700 m Höhe von Süd-Südosten gesehen.

Foto 5, S. 21 Die Aufnahme zeigt das 8.156 m hohe Gebirgsmassiv des **Manaslu** nordöstlich von Gorkha aus einer Höhe von ca. 1.800 m gesehen. Man kann hier die geomorphologische Höhenstufung der Himalaya-Südseite erkennen.

Foto 6, S. 22 Zu sehen ist das Thak Khola mit der **Annapurna-Westflanke**, die von der Dhaulagiri-Seite aufgenommen wurde. Die Waldgrenze verläuft bei 3.600 - 3.800 m Höhe.

Foto 7, S. 23 Blick über das Thak Khola von der Annapurna-Seite zum **Dhaulagiri** (8.172 m hoch) mit dem Dhaulagiri-Gletscher.

Foto 8, S. 24 Das Foto wurde aus 4.750 m Höhe mit Blick nach Norden aufgenommen. Es zeigt die **Kailash-Kette** mit dem 6.635 m hohen Kailash-Gipfel, der aus grobem Konglomeratgestein aufgebaut ist. Der Sedimentcharakter wird an einigen Stellen sichtbar. Im Vordergrund befinden sich Grundmoränenflächen. Die Chorten stehen auf Grundmoränenrücken.

Die geologisch-tektonische Entwicklungsgeschichte des Himalayas

Wo sich heute das gewaltige Gebirgssystem des Himalayas mit Transhimalaya und Karakorum befindet, war vor ca. 200 Millionen Jahren noch ein riesiger Meeresbereich, der in den darauffolgenden 150 Millionen Jahren verschwand. Bestimmte Mechanismen, die auf und in der Erde ablaufen, führen dazu, daß Meere sich ausdehnen, schrumpfen oder gar verschwinden können. An ihre Stelle treten Inselbögen und Gebirge, wodurch Kontinente anwachsen, sich vergrößern oder miteinander verschmelzen können. Gebirge wie der Himalaya oder die Alpen sind beispielsweise das Ergebnis einer Verschmelzung von Kontinenten. Aufgrund der Beweglichkeit und Verschiebbarkeit der äußeren Erdkruste veränderte sich im Laufe von Jahrmillionen die Lage der Kontinente und ihr äußeres Erscheinungsbild.

Um nun die Entstehungsgeschichte und den Aufbau des Himalayas nachvollziehen zu können, bedarf es vorweg einiger Grundlagenkenntnisse über den Aufbau und die Dynamik der Erde sowie über die Entstehung von Gesteinen während der Gebirgsbildung.

Wie ist die Erde aufgebaut ?

Aus den Laufzeiten der Erdbebenwellen vom Herd zu den einzelnen Erdbebenwarten konnten die Geophysiker Aufschluß über die Struktur des Erdinneren gewinnen.

Die von einem Erdbeben ausgehenden Wellen durchdringen die Erde nach allen Richtungen und breiten sich mit unterschiedlichen Geschwindigkeiten aus. Nach der Reihenfolge ihres Eintreffens bei den Erdbebenstationen unterscheiden die Forscher Primär- (P) und Sekundärwellen (S). Untersuchungen mit künstlich ausgelösten P- und S- Wellen zeigten, daß sich beide um so schneller ausbreiten, je dichter das Material ist, das sie durchlaufen.

An Grenzflächen von Stoffen unterschiedlicher Dichte reagieren sie wie Lichtstrahlen, sie werden reflektiert oder gebrochen.

Sprungförmige Veränderungen der Geschwindigkeiten seismischer Wellen deuten auf sogenannte Diskontinuitäten hin, welche eine Unterteilung der Erde in Schalen ermöglicht. Laterale Änderungen werden zum Teil auf stoffliche Variation, zum Teil auf Veränderungen der physikalischen Parameter und der physikalischen Zustandsform zurückgeführt. Der Aufbau der Erde besteht im wesentlichen aus drei unterschiedlichen Zonen, der **Erdkruste**, dem **Erdmantel** und dem **Erdkern**.

Erdkruste

Grundsätzlich muß zwischen **kontinentaler** und **ozeanischer Kruste** unterschieden werden. Der grundlegende Unterschied liegt in ihren Mächtigkeiten. Die kontinentale Kruste ist insgesamt zwischen 20 und 70 Kilometer dick, die ozeanische dagegen durchschnittlich nur etwa 6 Kilometer dick. Die kontinentale Kruste besteht aus einer überwiegend granitischen Zusammensetzung und den vorherrschenden Elementen Silicium und Aluminium, daher wird sie auch als Sial-Schicht bezeichnet. Die ozeanische Kruste hingegen wird wegen ihrer basaltischen Zusammensetzung und den vorherrschenden Elementen Silicium und Magnesium als Sima-Schicht bezeichnet.

Zwischen der Erdkruste und dem Erdmantel liegt die sogenannte Mohorovicic-Diskontinuität (benannt nach dem Entdecker, dem kroatischen Geophysiker Andrija Mohorovicic, 1909).

An der Grenze Kruste-Mantel nimmt die Geschwindigkeit von P-Wellen plötzlich zu, die Dichte steigt von 2,9 auf 3,2 g/cm^3. Die Moho-Diskontinuität liegt im Mittel in 30 - 35 km Tiefe, unter großen Gebirgen sogar bis in 70 km Tiefe (s. Himalaya).

Erdmantel

Der Erdmantel folgt der Erdkruste und reicht bis zum Rand des äußeren Erdkerns in 2.900 km Tiefe. Er wird unterteilt in einen oberen und einen unteren Mantel mit einer dazwischengeschalteten Übergangszone.

Der obere Mantel reicht bis in ca. 400 km Tiefe, er besteht weitgehend aus Periodotit. Der Periodotit ist ein Tiefengestein (Plutonit) mit einem spezifischen Gewicht von 3,3 g/cm^3. Es handelt sich um ein dunkles, kieselsäurearmes Gestein.

Mit der Tiefe steigt die Geschwindigkeit der Erdbebenwellen an, weil die Dichte des Gesteins unter dem wachsenden Druck zunimmt. In 400 km Tiefe und im Grenzbereich zum unteren Mantel in 650 km Tiefe erhöhen sich die Geschwindigkeiten der Erdbebenwellen sprunghaft. Geowissenschaftler konnten nachweisen, daß das Gestein in diesen Tiefen unter dem wachsenden Druck nicht einfach weiter zusammengepreßt wird, sondern daß Minerale des Peridotits unvermittelt zu anderen dichteren Mineralen, sogenannten Hochdruckmodifikationen, umkristallisieren.

Abb. 2 Aufbau der Erde

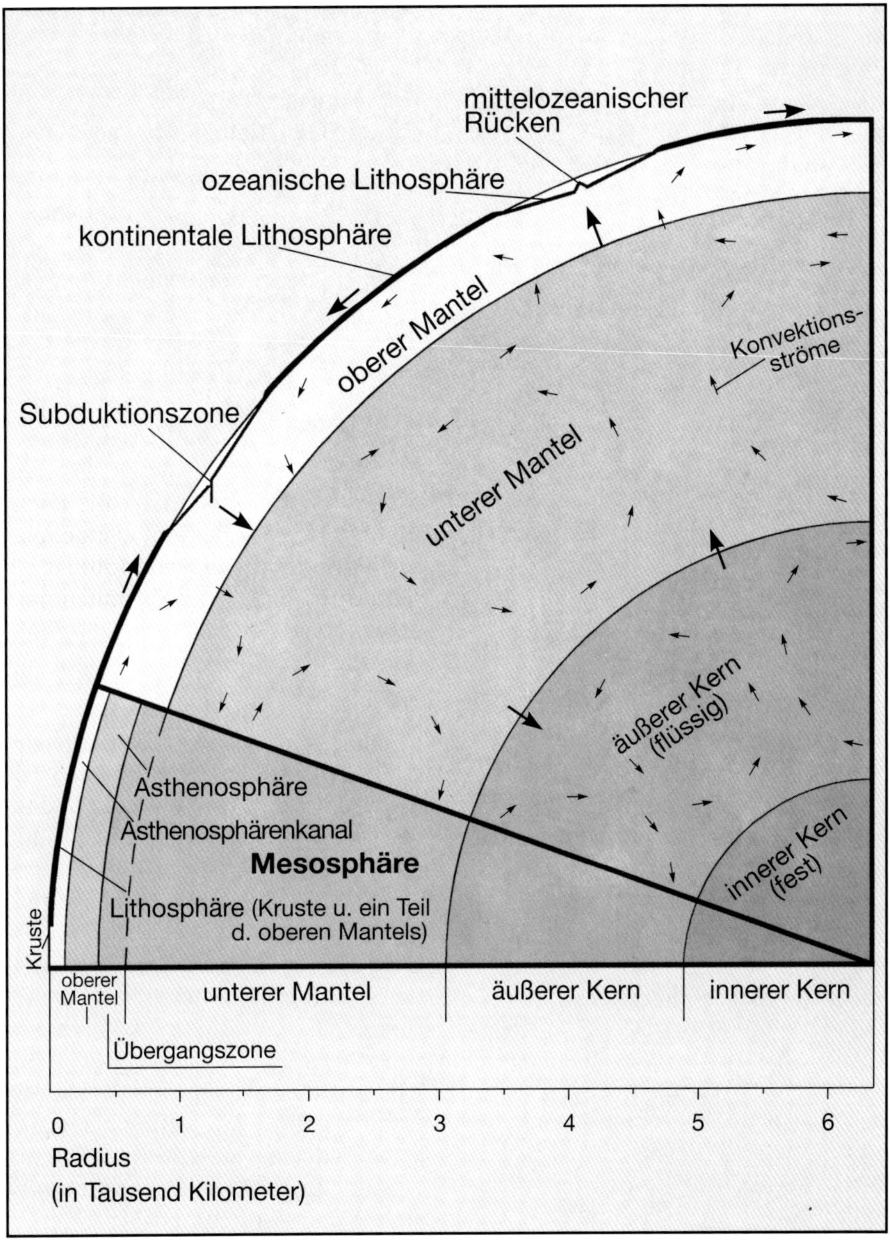

Im unteren Mantel, in einer Tiefe von 650 km bis 2.900 km, herrscht ein schweres Silikat mit spezieller Kristall-Struktur (Peowskit-Struktur) vor. Obwohl das Mantelgestein fest ist, reagiert es doch über geologische Zeiträume wie eine plastische Masse. Wo es besonders stark erhitzt wird, dehnt es sich stärker aus als das umgebende Gestein, wird leichter und drängt langsam nach oben. Kühleres, schwereres Gestein hingegen sinkt von oben ab. Das Erdinnere wird nicht durch den Druck erhitzt. Die Energie im Mantel und auch der Kruste stammt von radioaktiven Substanzen, vor allem von Uran, Thorium und Kalium-40, die bei ihrem natürlichen Zerfall über Jahrmilliarden Wärme produzieren.

Erdkern

Der Erdkern wird unterteilt in einen **äußeren** und einen **inneren Erdkern**, wobei der äußere flüssig und der innere fest ist. Der flüssige äußere Erdkern reicht von 2.900 km Tiefe bis in ca. 5.200 km Tiefe.

Als Wärmequelle im äußeren Erdkern wird das Ausfrieren von Eisen angesehen. Am festen inneren Kern lagern sich laufend Eisenteilchen aus der umgebenden Schmelze ab. Beim Übergang vom flüssigen in den festen Zustand wird Wärme frei. Die auf diese Weise im Kern produzierte Wärme muß abgeleitet werden. Das flüssige Eisen des äußeren Kerns wird in Wallung (Bewegung) gebracht. Die Konvektionsströme, die beim Wärmetransport entstehen, gelten heute als Hauptursache des erdmagnetischen Feldes.

Der innere Kern reicht vom unteren Rand des äußeren Kerns bis in eine Tiefe von ca. 6.370 km. Man nimmt an, daß der innere Kern aus dem gleichen allerdings verfestigten Material besteht wie der äußere Kern. Diese Annahme eines chemischen Gleichgewichts ist zwar einleuchtend und wird auch durch keinerlei Beobachtungen widerlegt; aber bislang hat auch niemand nachgewiesen, daß innerer und äußerer Kern tatsächlich im chemischen Gleichgewicht stehen. Was die exakte Zusammensetzung des Kerns betrifft, so gehen die Meinungen auseinander, sobald es um mehr geht als den Hauptbestandteil Eisen.

Als Kernmaterial vermutet man eine komplexe Legierung, die nach und nach über einen gewissen Temperaturbereich einschmilzt. Der Kern kann nicht wie die Eisenmeteorite einzig aus Eisen oder einer Eisen-Nickel-Legierung aufgebaut sein, da solch eine Legierung einen zu hohen Dichtewert ergeben würde. Eine Kombination mit leichteren Elementen, wie Schwefel, Sauerstoff oder Silicium, könnte möglicherweise die erforderliche Dichte von 9 g/cm^3 ergeben. Angesichts dieser Ungewißheit kann man nur soviel sagen, daß zur Zeit Schwefel und Sauerstoff als wahrscheinlichste Kandidaten für die wichtigsten leichten Komponenten im Kern akzeptiert werden.

Plattentektonik

Aus Sicht der Plattentektonik unterscheidet man beim Aufbau der Erde zwischen der **Asthenosphäre** und der **Lithosphäre**.

Lithosphäre

Die Lithosphäre der Erde erstreckt sich bis in etwa 100 km Tiefe, sie umfaßt die Erdkruste und den obersten Mantel, wobei die Erdkruste eine Mächtigkeit von 0 - 35 km unter den Kontinenten (unter den Gebirgen >35 km bis 70 km) und 0 - 15 km Mächtigkeit unter den Ozeanen einnimmt. Die Lithosphäre besitzt eine hohe Viskosität und kann daher nur bruchtektonisch reagieren, was bis zu ihrer Zerlegung in Platten führt.

Asthenosphäre

Die Asthenosphäre, besser gesagt der Asthenosphärenkanal, ist eine zähplastische Schicht, auf der eine Verschiebung der überlagernden Lithosphärenplatten erfolgt. In diesem Bereich laufen die Erdbebenwellen langsamer als darüber und darunter.

Als Asthenosphäre wird von einigen Autoren auch der Bereich definiert, der den gesamten oberen Mantel und die daran anschließende Übergangszone bis in ca. 700 km Tiefe umfaßt.

Kräfte im Erdinneren
(Konvektionsströme)

Im gesamten Erdmantel treten Wärmeunterschiede auf, die durch Konvektionsströme ausgeglichen werden: Heißes Material steigt auf, kälteres sinkt ab. Das geschieht in Form von charakteristischen Konvektionszellen (s. Abb. 2, S. 27).

Der Wärmeaustausch durch Materialströmung (Konvektion) ist wahrscheinlich nur in bestimmten Schalenbereichen sowie an Bruch- und Zerrüttungszonen der Erde möglich. Eine entscheidende Frage für Geophysiker ist, ob die Konvektionsströme von der Kern-Mantel-Grenze ohne Unterbrechung bis unter die Lithosphärenplatten reichen oder ob zwei Kreislaufsysteme übereinander zirkulieren und so die Energie stufenweise hinaufbefördern: das eine im unteren Mantel, das andere in der Übergangszone und im oberen Mantel.

Vermutlich existieren zwei unabhängige Konvektionsströme. Würden die Konvektionsströme im Erdmantel bis zum Erdkern reichen, so würde der Erdmantel ständig völlig durchmischt und es gäbe keine Bereiche unterschiedlicher Zusammensetzung. Oberer und unterer Erdmantel sind aber zwei Bereiche unterschiedlicher Zusammensetzung, die nur existieren können, wenn beispielsweise im unteren und oberen Erdmantel gesonderte Konvektionsströme auftreten.

Wie stark sich das Material des oberen mit dem des unteren Erdmantels vermischen kann, ist vorerst ungeklärt. Ob auch eine Mischung zwischen unterem Mantel und äußerem Kern stattfindet, ist ebenfalls offen.

Motor der Plattentektonik

In der Hypothese der Plattentektonik sind die Konvektionsströme für den Transport der darüberliegenden Schollen der Lithosphäre von grundlegender Bedeutung. Das Mosaik der Erdoberfläche besteht aus etwa sieben großen und einer Vielzahl von kleinen Platten. Nicht immer sind die Grenzen der Platten mit den Grenzen der Kontinente identisch. Eine Platte kann teils kontinental, teils ozeanisch sein oder nur kontinental oder nur ozeanisch.

Wie entstehen Gebirge und Kontinente ?

Die Theorie der Plattentektonik besagt, daß die Lithosphäre, die äußere Schale der Erde, aus einer Reihe starrer Platten besteht. Da die Platten relativ zueinander in ständiger Bewegung sind, gleiten sie aneinander vorbei, entfernen sich voneinander an beiden Seiten eines Ozeanrückens oder laufen an einem Tiefseegraben gegeneinander, wobei zwangsläufig eine Platte aufgezehrt wird.

Entlang der Linie, an der eine Platte aufgezehrt oder subduziert wird, entsteht ein Tiefseegraben, der mehr als 10.000 Meter tief werden kann. An einem mittelozeanischen Rücken entsteht neue Lithosphäre. Es handelt sich um zusammenhängende, langgestreckte, submarine Erhebungen, die ein weltumspannendes Bruchsystem von rund 70.000 km Länge darstellen. Dieses Bruchsystem nimmt rund 23 % der Erdoberfläche ein (s. Abb. 3).

Die Rücken überragen die Tiefseebecken, vergleichbar den Kettengebirgen der Kontinente, zu denen sie konzentrisch angeordnet sind. Die Kammregion der Rücken besteht aus einem 20 bis 50 km breiten, aktiven Zentralgraben von 1.000 bis 3.000 m Tiefe. Aus diesem Graben dringt Magma aus dem Erdinneren nach

Abb. 3 Plattengrenzen

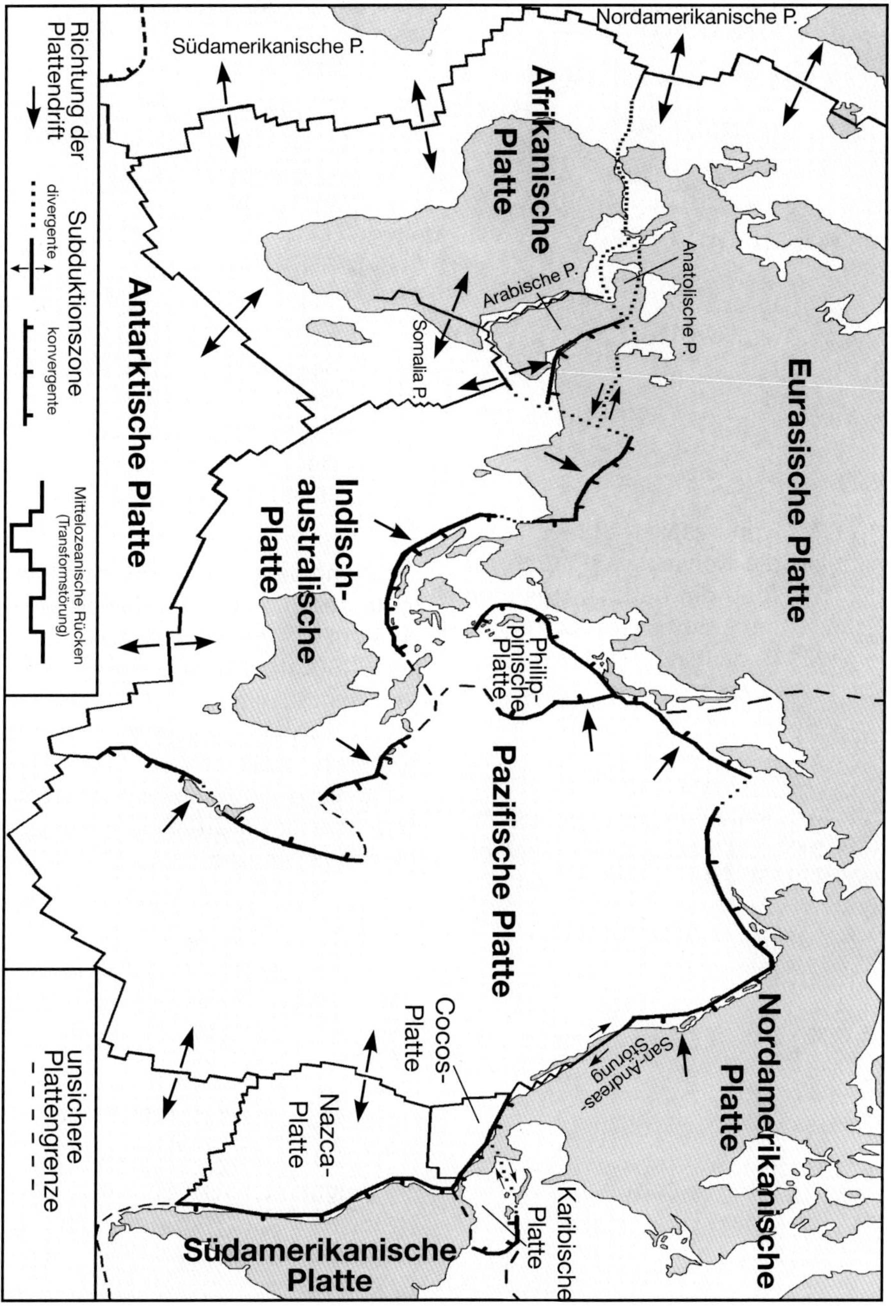

oben, erstarrt und bildet neuen Ozeanboden. Man nennt diesen Prozess auch **„sea-floor-spreading“**.

Der Meeresboden läßt sich mit einem riesigen Förderband vergleichen, das lithosphärisches Material von den mittelozeanischen Rücken zu den Tiefseegräben transportiert, wo es wieder in das Erdinnere absinkt.

Ob ein Ozean sich ausbreitet oder schrumpft, hängt allein davon ab, ob die Neubildung ozeanischer Kruste größer ist als die Subduktion. Der Meeresboden im Pazifik dehnt sich derzeitig mit einer Spreadingrate von bis zu 10 cm pro Jahr wesentlich schneller aus als der Meeresboden im Atlantik mit einer Spreadingrate von nur einigen Zentimetern pro Jahr. Da aber im Pazifik die Subduktionsrate größer ist als im Atlantik, schrumpft der Pazifik, und der Atlantik breitet sich aus.

Die Wechselwirkungen der einzelnen Lithosphärenplatten vollziehen sich fast alle entlang der Plattengrenzen, so daß diese intensiven Deformationen ausgesetzt sein können. Die Plattengrenzen lassen sich in drei Typen einteilen.

Divergente Plattengrenzen

Zwei Platten driften in Riftzonen (mittelozeanische Rücken) auseinander. Die Achse der entstehenden Schwelle ist seismisch aktiv.

Transforme Plattengrenzen

Hier gleiten zwei Platten entlang vertikaler oder beinahe vertikaler Verwerfungen aneinander vorbei, wobei Scherungsränder entstehen. Ein Beispiel dafür findet man an der kalifornischen Küste, San-Andreas-Fault bei San Francisco. Diese vertikalen Verwerfungen sind Transformstörungen, die die mittelozeanischen Rücken begleiten und quer zu deren Verlaufsrichtungen angeordnet sind (s. Abb. 3, S. 31).

Konvergente Plattengrenzen

Die konvergenten Plattengrenzsysteme erzeugen den größten Anteil an kontinentaler Kruste. Außerdem verformen sie die kontinentale Kruste in großem Umfang. In der gewöhnlichsten Anordnung eines konvergenten Grenzsystems taucht eine Platte der ozeanischen Lithosphäre unter eine darüber hinweggleitende Platte entweder der ozeanischen oder der kontinentalen Lithosphäre ab.

Wenn zwei Schollen aufeinander zudriften, ist es wesentlich, welche der beiden, die kontinentale oder die ozeanische, nahezu stationär bleibt.

Überfährt eine vorrückende kontinentale Platte eine nahezu stationäre ozeanische Platte, dann entstehen Gebirge wie z.B. die Anden.

Überfährt nun aber eine vorrückende kontinentale Platte eine nahezu stationäre Platte, die teils kontinental,

Abb. 4 Ende des Paläozoikums, vor ca. 230 Mio. Jahren

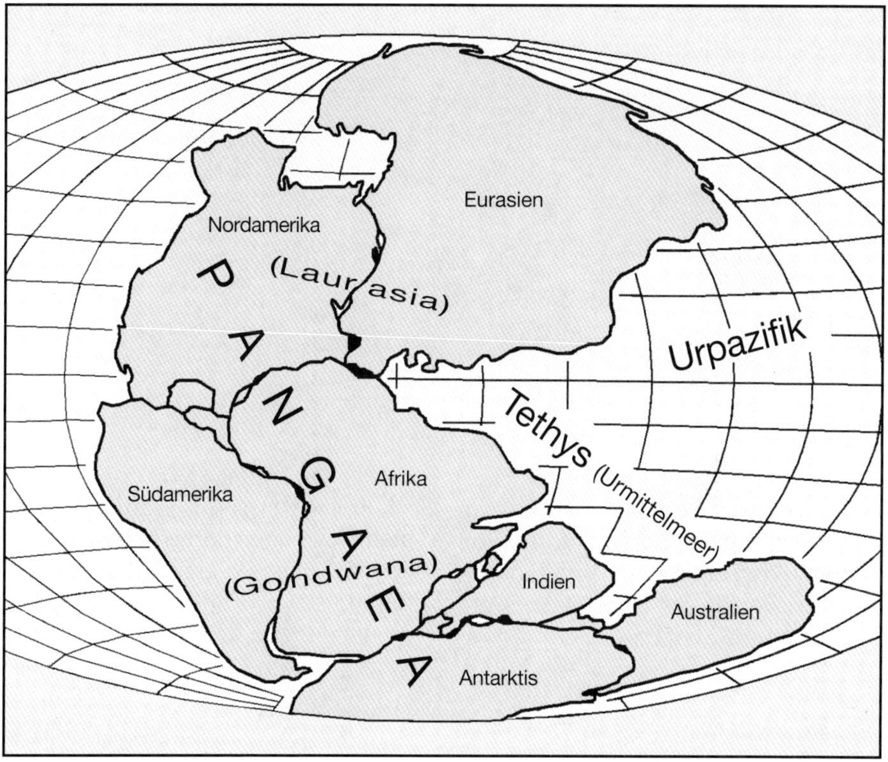

teils ozeanisch ist, dann kommt es nach dem Überfahren des ozeanischen Teils dieser Platte zur Kollision zweier Kontinente. Da Kontinentalkruste wegen ihres geringen spezifischen Gewichts einen zu großen Auftrieb hat, um in der Asthenosphäre verschluckt zu werden, wird zunächst die oberste Haut der Kruste beider Platten abgeschürft, wobei der größere Rest der Lithosphäre in Tiefen von einigen hundert Kilometern verschwindet. Bei fortsetzender Kompression entsteht dann ein Kettengebirge wie der **Himalaya** oder die Alpen.

Unter dem Himalaya und Tibet ist die Kruste bis zu 75 km dick. Innerhalb der letzten 50 Millionen Jahre sind bei der Subduktion von Indien unter Asien etwa 2.000 km Kruste (ozeanische) subduziert worden.

Wird eine nahezu stationäre kontinentale Platte von einer vorrückenden ozeanischen Platte unterfahren (wie in Ostasien), dann entstehen vor dem

Abb. 5 Ende der Kreidezeit, vor ca. 65 Millionen Jahren

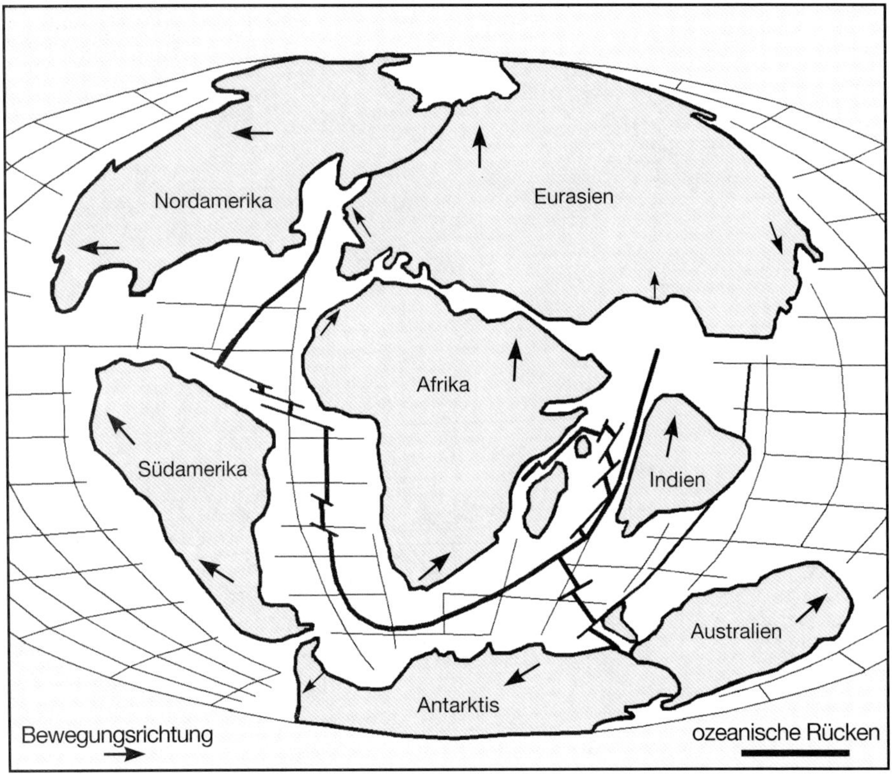

Kontinentalrand Inselbögen wie z.B. die Philippinen, Taiwan und Japan.

Lage der Kontinente im Erdzeitalter

Da die Platten und damit die Kontinente in ständiger Bewegung zueinander sind, hat sich im Laufe der Erdgeschichte die Lage der Kontinente ständig verändert. Auch die Lage des Äquators und der Pole verlagerte sich im Laufe der Erdgeschichte.

Zu Beginn des Paläozoikums vor 570 Millionen Jahren waren die vorhandenen Kontinente als isolierte Landmassen in der Äquatorregion aufgereiht. Bei der Drift der Kontinente in den folgenden 350 Millionen Jahren entstanden zunächst die Großkontinente **Gondwana** und **Laurasia**. Beide verschmolzen dann vor etwa 230 Millionen Jahren zum Superkontinent **Pangäa** (s. Abb. 4).

Abb. 6 Zukunft, in etwa 60 Millionen Jahren

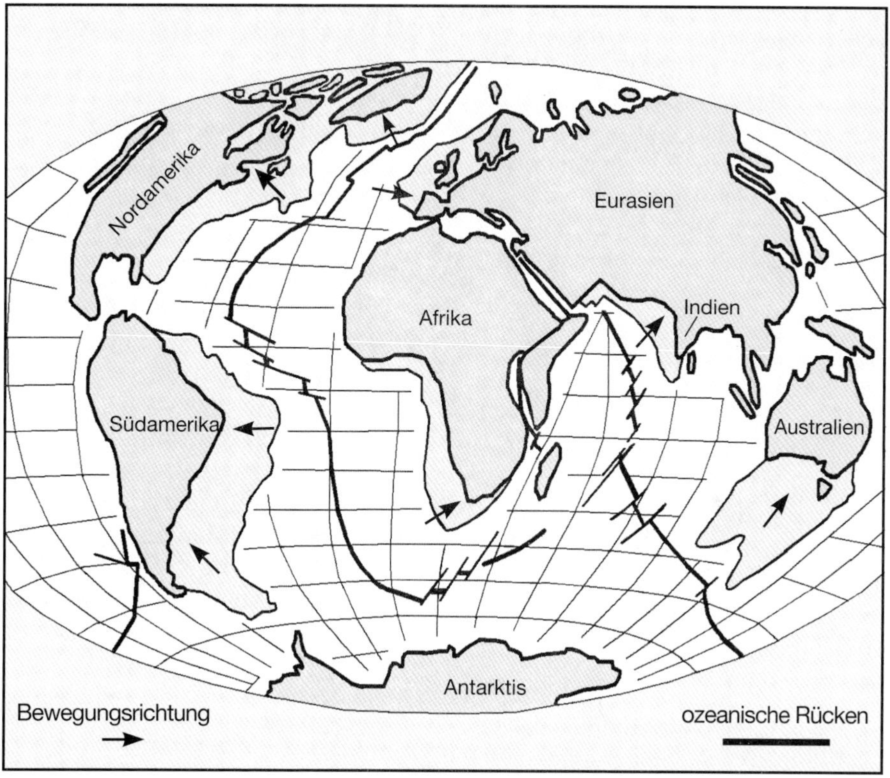

Vor 200 Millionen Jahren begann die Auflösung dieses Superkontinentes. Anscheinend störte diese riesige Kontinentalmasse das Rotationsgleichgewicht der Erde. Daher bestand die Tendenz, sie aufzuspalten und die Erde im Sinne einer Stabilisierung mehr oder weniger gleichmäßig mit Großschollen zu bestücken.

Die Auflösung begann mit einem Grabenbruch zwischen Afrika und der Antarktis. Weitere Risse erlaubten Südamerika, Indien und Australien, in ihre heutigen Positionen zu driften. Die Auflösung von Großkontinenten hat zur Folge, daß die einzelnen Krustenblöcke sozusagen huckepack auf der ozeanischen Kruste verdriftet werden, um sich später wieder an kontinentaler Kruste anzulagern. Die einzelnen von Verwerfungen begrenzten Krustenblöcke werden auch als **Terranes** bezeichnet.

Ganze Kontinente, wie der indische Kontinent, werden als Terranes verdriftet, aber auch Fragmente vulkanischer Inselbögen kontinentaler oder ozeanischer Kruste und submarine Berge oder Plateaus. Die verdriftenden Terranes gibt es nicht erst seit dem Zerfall der Pangäa, sondern schon seit sehr langen erdgeschichtlichen Zeiträumen (vor 200 bis 500 Millionen Jahren, vor 600 Millionen Jahren bis 2,5 Milliarden Jahren und vor mehr als 2,5 Milliarden Jahren).

Zukunftsprognosen

Die heutigen vulkanischen Inselbögen (Philippinen, Aleuten usw.), ozeanischen Plateaus und Tiefseeberge werden die möglichen künftigen sich anlagernden oder verschmelzenden Terranes sein.

Weitere Zukunftsprognosen lassen vermuten, daß sich die heutigen Einzelkontinente im Zusammenhang mit der Erweiterung von Indik und Atlantik erneut zu einer Pangäa vereinigen werden. Die westlichen Teile der USA und die östlichen Teile Chinas dürften dann nicht randlich, sondern in den zentralen Bereichen des Großkontinents liegen .

Die Bewegungen von Afrika auf Europa (Bildung Alpen) und von Indien auf Asien (Bildung Himalaya) dürften der erste Beginn einer solchen **„Pangäa-Genese“** sein.

Welche Gesteine gibt es im Himalaya ?

Im Bereich der Plattenkollisionszonen (Gebirgszonen) findet man ein vielfältiges Gesteinsmosaik.

Wie es zu diesen Gesteinsbildungen und -anordnungen gekommen ist und welche Gesteinsgruppen es gibt, soll im nun folgenden anhand eines kleinen Exkurses in die Gesteinskunde erklärt werden. Zunächst werden die Hauptgesteinsgruppen sowie ihre Entstehungsorte bzw. Ablagerungsräume vorgestellt. Im darauffolgenden wird aufgezeigt, was mit den verschiedenen Ablagerungsräumen und ihren Gesteinen während gebirgsbildender Prozesse passiert, wie sich einige Gesteine verändern und welche neu gebildet werden.

Bei den im Himalayagebirgssystem auftretenden Gesteinen wird unterschieden in **Magmatite**, **Sedimentgesteine** und **Metamorphite**.

Magmatische Gesteine

Plutonite

Zu den Magmatiten zählen die Plutonite, die nach einer vulkanischen Aktivität nicht die Erdoberfläche erreichen, sondern auf dem Weg dorthin steckenbleiben, erstarren und auskristallisieren. Auf Grund der langsamen Abkühlung unter den mächtigen Deckschichten können die Mineralien gut auskristallisieren und ihre Korngrößen sind mit dem bloßen Auge zu erkennen. Hierzu zählt der **Granit**, der je nach Mineralzusammensetzung unterschiedlich gefärbt ist. Es gibt sehr helle, aber auch dunkle, aus schwarzen und rötlichen Mineralkomponenten bestehende Granite.

Hauptsächlich aus Granit aufgebaut sind der Karakorum, der reich an hellen Granitwänden ist und die Himalaya-Hauptketten. Auch im Transhimalaya treten Granitintrusionen auf.

Ganggesteine

In geringerer Erdtiefe kann Magma in Gänge und Spalten eindringen. Hieraus bilden sich die sogenannten Ganggesteine.

Vulkanite

Aus der gleichen magmatischen Schmelze kann Magma auch an die Oberfläche treten, dann entstehen feinkörnige Vulkanite wie der **Basalt** (vulkanische Gesteine oder auch Eruptivgesteine).

Vulkanite durchsetzen zu einem Großteil die mesozoischen Sedimentgesteine (Kalke) des tibetischen Hochplateaus und die im Bereich des Yarlung-Tsangpo-Tals. Nördlich des Transhimalayas befindet sich eine, den Gebirgszug begleitende Zone aus vulkanischen Gesteinen.

Die vulkanischen Magmen erkalten viel schneller, so daß die Kristalle der Vulkanite im allgemeinen sehr klein sind und mit dem bloßen Auge nicht zu erkennen. Einzelne Kristalle können sich voll entwickeln und treten scharf begrenzt hervor (porphyrische Struktur). Bei sehr rascher Abkühlung der Magmen entstehen überhaupt keine Kristalle (amorphe Struktur). Hierzu zählen Pechstein, Bimsstein oder auch Obsidian (dunkle Gesteinsgläser).

Magmatische Gesteine sind an geologische Schwächezonen (Subduktionszonen, mittelozeanische Rücken, Bruchzonen auf Kontinenten) gebunden. Ihre Bildung ist auf plattentektonische Prozesse während der Gebirgsbildung zurückzuführen. Bei der Subduktion einer Platte kommt es zu Aufschmelzvorgängen und Vulkanismus. Auch das Auseinanderdriften von Platten wie an einem mittelozeanischen Rücken ist mit vulkanischen Aktivitäten verbunden. Das so untermeerisch sich ausbreitende Magma erkaltet und wird zum ozeanischen Krustengestein.

Beim Zusammenstoß zweier Platten wird an der Subduktionszone die leichte ozeanische Kruste nicht in die Tiefe gezogen, sondern abgeschürft und an die kontinentale Kruste als **Ophiolithkomplex** angelagert. Ophiolithkomplexe kennzeichnen die Orte verschwundener Ozeane (wie z.B. die schwarzen Bergketten entlang des Tsangpo).

Sedimentgesteine

Eine andere Gruppe sind die Sedimentgesteine, die aus Restmaterialien aufbereiteter Gesteine (z.B. Plutonite, Vulkanite) an der Erdoberfläche bestehen. Restmaterialien entstehen durch physikalische (mechanische) und chemische Verwitterungsvorgänge. Die mechanische Gesteinsaufbereitung (durch Frost- und Insolationsverwitterung) führt zur Bildung von Trümmergesteinen (klastische Sedimente), die nach Korngrößen unterschieden werden in **Ton-**, **Sandstein**, **Schutt** und **Geröl-le**.

Diese Restmaterialien werden mit Hilfe der Flüsse verfrachtet und in festländische Beckenregionen oder auf dem Kontinentalschelf, im festlandsnahen untermeerischen Flachwasserbereich, abgelagert.

Kalksteine

Die chemische Verwitterung (Lösungsverwitterung) führt zu Gesteinsneubildungen. Hierzu zählen die Kalksteine (organogene Sedimente), die oft aus Skelett- oder Schalenteilen abgestorbener Wassertiere bestehen oder chemische Ausfällungen sind.

Sehr viele Kalksteine bilden sich aus Tiefseeablagerungen, die vorwiegend aus Schlämmen bestehen. Globigerinenschlamm wird in 2.000 bis 5.000 m Tiefe abgelagert und besteht aus Schalen von Formaniferen. Andere Schlämme setzen sich aus Schnekken-Schalen, Kieselalgen-Schalen (Diatomeenschlamm) oder aus Kieselskeletten von Radiolarien (Radiolarienschlamm) zusammen. Aus Radiolarien bildet sich der Radiolarit (Kieselschiefer). Radiolarite sind weltweit verbreitet und treten in Zusammenhang mit Ophiolithen auf. Sie sind als radiolaritische Tiefseesedimente auf der basaltischen Oberkruste des Ozeans abgelagert worden.

Die **Meereskalke**, die als sogenannte **Kalkschlämme** am Meeresgrund abgelagert werden, bilden sich meist aus Skeletten von Lebewesen wie beispielsweise den Ammoniten, die in den obersten Wasserschichten gelebt haben und nach ihrem Tode zum Meeresboden hinabsinken. Sie lösen sich dort weitgehend auf und werden sedimentiert.

Die organische Substanz (Weichteile) geht in bituminöse Substanz über, die Ausgangspunkt für Erdöl oder -gas sein kann. Vermutlich werden die bituminösen Substanzen unter Bakterienhilfe zu Kohlenwasserstoffen verflüssigt, die dann als Erdöl bzw. als Erdgas wie in Muktinath (s. **brennende Dauerflamme**) durch Gesteinsrisse und -poren die Erdoberfläche erreichen.

Der Skelett- und Schalenanteil der Tiere wird meist zu Calcit (Calciumcarbonat) umgewandelt, der später als Gemengeteil in Kalken oder als Bindemittel in Sandsteinen und Metamorphiten vorkommt. Einzelne Gehäuse bleiben erhalten und werden in die Sedimentschichten eingeschlossen. Im Zuge der Gebirgsbildung verschwindet der Meeresbereich, und die darin abgelagerten Meeressedimente werden zu festländischen Gesteinsschichten. Hohe Drucke und Temperaturen während der Gebirgsbildung haben die Gesteinsschichten metamorphosiert und beispielsweise in Schiefergesteine umgewandelt (z.B. Ammonitenschiefer).

Die eingeschlossenen versteinerten Gehäuse der Ammoniten findet man heute als Fossilien in Gesteinsaufschlüssen wie z.B. im Kali Gandaki-Tal.

Kalke sind auch chemische Ausfällungsprodukte. Solche **Kalkausfällungen** finden statt, wenn sich der Gehalt an Kohlensäure verringert, die den Kalk überhaupt erst löst. Dies geschieht bei Temperaturerhöhung, bei Druckerniedrigung, bei steigendem Salzgehalt oder unter Mitwirkung von Organismen, die bei Assimilationsvorgängen Kohlensäure benötigen.

Im Meerwasser vorhandene Bakterien wirken ebenfalls kalkbildend, indem sie Kalziumcarbonat ($CaCO_3$) direkt aus dem Meerwasser ausscheiden.

Mit Hilfe von Meeresorganismen (Korallen, Moostierchen, Kalkalgen) wird der im Meerwasser gelöste Kalk in Riffe eingebaut. Riffe bilden sich in warmen Meeren auf dem Kontinentalschelf, in nicht allzu großer Wassertiefe (bis ca. 40 m Tiefe). Die Korallenriffe treten als ungeschichtete Kalke in Erscheinung, die aus absinkenden Hartteilen von Organismen entstandenen organogenen Kalksteine hingegen als geschichtet.

Auf dem Festland können Kalke auch aus kalkhaltigen Quellwassern ausgefällt werden. Diese Süßwasserkalke werden als **Sinter** bezeichnet.

Salzgesteine

Die Salzgesteine zählen ebenfalls zu den Sedimentgesteinen. Sie entstehen beim Verdampfen von Meereslaugen, daher auch Evaporite genannt. Zunächst scheiden sich die schwerlöslichen Substanzen wie Anhydrit und Gips aus, darauf das Steinsalz und schließlich das leicht lösliche Kalisalz.

Metamorphite

Die Metamorphite sind Umwandlungsgesteine. Die Umwandlung erfolgt durch großen Druck und hohe Temperaturen (im Zuge der Gebirgsbildung). Es werden Sedimentgesteine ebenso wie Magmatite umgewandelt, wobei die Gesteinsmasse im festen Aggregatzustand bleibt.

Zu unterscheiden sind zwei Arten der Metamorphose, nämlich die Regionalmetamorphose und die Kontaktmetamorphose.

Bei der **Regionalmetamorphose** werden die Gesteinspakete infolge tektonischer Absenkung und Überlagerung mit mächtigen Gesteinsschichten in den Bereich großer Drucke und hoher Temperaturen gebracht, so daß sie diagenetisch verfestigt und umgewandelt werden. Es werden verschiedene Gesteinsumwandlungszonen unterschieden, in denen die Intensität der Metamorphose mit der Tiefe zunimmt.

Die **Kontaktmetamorphose** ist im Gegensatz zur Regionalmetamorphose eher kleinräumig angeordnet. Sie tritt unmittelbar im Berührungsbereich von aufdringendem Magma und benachbarten Gesteinen auf. Die Gesteinsumwandlung ist im Kontaktbereich (2 bis 3 km Reichweite) am intensivsten. Nach außen zu wird sie immer geringer. Der **Marmor** z.B. kann das Ergebnis einer Kontaktmetamorphose (Kalkstein in Berührung mit einer Schmelze) oder einer Regionalmetamorphose sein. Die Wirkungsweise beider Metamorphosen zeichnet sich durch Strukturveränderung, Umkristallisation oder durch Zu- und Abfuhr von Stoffen aus.

Schiefer und Gneise

Die Schieferung der Gesteine ist eine Strukturänderung, wobei durch einseitige Druckeinwirkung blättrig ausgebildete Mineralien entstehen. Die Schieferung ist ein charakteristisches Erkennungsmerkmal vieler metamorpher Gesteine (z.B. **Tonschiefer**, **Glimmerschiefer** oder **Grünschiefer** aus Basalt). Die Umkristallisation der Gesteine führt zu kompakten Gesteinen (z.B. Gneise), wobei Kleingemengteile aufgezehrt werden und das Gestein ein grobkörniges Gefüge erhält.

Zu jedem Magmatitgestein und zu jedem Sedimentgestein gibt es ein oder mehrere entsprechende metamorphe Gesteine. Auffällig ist, daß in den oberen Umwandlungszonen (bis ca. 20 km Tiefe) die Schiefergesteine dominieren und darunter die Gneise. Jedoch verändert sich dies von Ausgangsgestein zu Ausgangsgestein. Beim Granit z.B. tritt die Gneisbildung schon in höheren Bereichen auf als beispielsweise bei einem Tongestein. Oftmals ist es schwierig, die Abstammung eines Metamorphitgesteins zu erkennen, da durch verschiedenartige Metamorphose die gleichen Endprodukte entstehen können. Ein

Abb. 7 Kreislauf der Gesteine

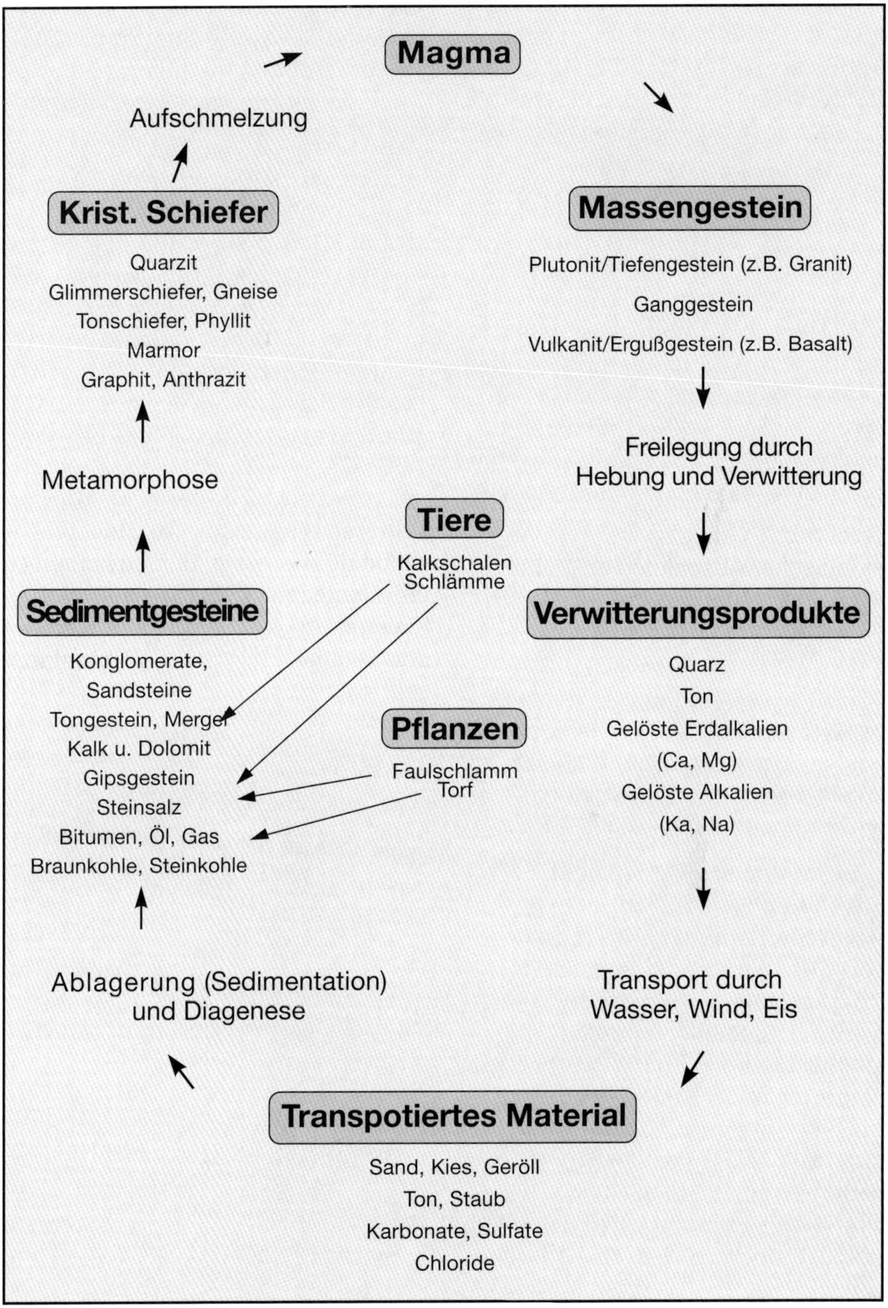

Glimmerschiefer kann sich aus Granit, Sandstein oder auch Tonstein bilden. Aus Gneisen und kristallinen Schiefern aufgebaut ist z.B.der Hohe-Himalaya, die Hauptkette des Karakorums und Südtibet.

Gesteinszonen im Himalaya

Im Himalaya treten Gesteine auf, die aus Meeresablagerungen oder Sedimentablagerungen ehemals kontinentaler Beckenbereiche hervorgegangen sind. Im Zuge der Gebirgsbildung sind diese Sedimentgesteine übereinandergestapelt, verschoben, metamorphosiert und zum Teil in sehr große Höhen emporgehoben worden, wie die Kalksteinschichten am Mt. Everest-Gipfel zeigen.

Dort, wo zwei Platten aneinanderstoßen wie im Yarlung-Tsangpo-Tal oder an Bruch- und Zerrüttungszonen innerhalb der Krustenfragmente, treten magmatische Gesteine auf.

Sie durchsetzen Sedimentgesteine, und im Berührungsbereich werden diese metamorphosiert. Sie können als Vulkanite (z.B. Basalt) die Oberfläche erreichen oder als Plutonite (z.B. Granite) unterhalb dieser steckenbleiben. Später werden sie emporgehoben oder durch Verwitterung und Abtragung freigelegt. Im Zuge der Gebirgsbildung gelangen neben Magmatiten (Vulkanite, Plutonite) auch Sedimentgesteine und z.T. stark metamorphosierte Gesteine (Gneise und kristalline Schiefer) in große Meereshöhen. Aus dem Verwitterungs- und Abtragungsschutt dieser Gesteine entstehen wiederum neue Gesteine (Molasseablagerungen, s. Siwalik-Ketten).

Über der Subduktionszone einer abtauchenden Platte befinden sich Granitintrusionen (s. Transhimalaya) und vulkanische Ergußgesteine, die aus Aufschmelzvorgängen der abtauchenden Platte resultieren. Beidseits der Plattengrenzen schließen an den magmatischen Gürtel, oberhalb der Subduktionszone, Gesteinszonen (z.B. Sedimentgesteine, Metamorphite) an, die der jeweiligen Platte zugehören. Diese streifenförmige Anordnung der magmatischen Gesteine sowie der daran angrenzenden Gesteine, die von der abtauchenden Platte abgeschürft worden sind, kann man nur noch bei sehr jungen Gebirgszonen wie dem Himalaya erkennen. Bei älteren hingegen haben außerordentlich komplizierte geologische Prozesse im Laufe von Jahrmillionen zu einer Verwischung und Verlagerung der Gesteinsanordnungen geführt.

Der Himalaya als Schweißnaht zweier Kontinente

Entwicklungsstadien des Himalayas

Der Himalaya ist entstanden, weil zwei kontinentale Platten, Indien und Eurasien, kollidiert sind. Begonnen hat alles vor rund 200 Millionen Jahren, nach dem Zerfall der Pangäa. Vom damaligen Südkontinent löste sich Indien als eigenständiges Terrane ab und driftete Richtung Norden auf Eurasien zu (s. Abb. 4 u. 5, S. 33 - 34).

Eurasische Platte

Der Südrand der eurasischen Platte wurde zu diesem Zeitpunkt umsäumt von 350 - 250 Millionen Jahre alten Gebirgsketten des Kunlun-Shan und Anyemaqan-Shan. Sie sind größtenteils aus Gesteinen aufgebaut, die im Zuge von Gebirgsbildungsprozessen gebildet, verändert und umgelagert werden. Hierzu zählen magmatische Gesteine, Sedimentgesteine und die Metamorphoseprodukte beider, wie z.B. Schiefer, kristalline Schiefer und Gneise.

Indische Platte

Die indische Platte, ein 2,5 Milliarden Jahre alter Festlandskern, wird größtenteils von kristallinen Gneisen und Schiefern (hochmetamorphosierte Gesteine) aufgebaut.

Zwischen der eurasischen und indischen Platte lag im Mesozoikum ein Meeresbereich (Tethys) mit zwei ozeanischen Platten (wie z.B. die heutige philippinische und pazifische Platte zwischen Ostasien und Nordamerika liegen).

Vor 140 Millionen Jahren

Im Zuge der Norddrift Indiens schiebt sich zunächst die nördlich gelegene Platte an einer Subduktionszone (**Jinsha-Sutur**) unter die eurasische Platte.

Am Südrand dieser ozeanischen Platte liegt ebenfalls eine Subduktionszone (**Bongong-Nujiang-Sutur**), an der wiederum eine ozeanische Platte abzutauchen beginnt. Oberhalb der Subduktionszone entsteht ein Inselbogen, bestehend aus Plutoniten und oberflächlichen Vulkaniten (z.B. Granite, Porphyre, Basalt). Zwischen Inselbogen und eurasischem Kontinent liegen Meeressedimente (Kalke) und Schelfablagerungen. Vor rund 140 Millionen Jahren lagerten sich der Inselbogen und die zwischengeschalteten Sedimente sowie nicht verschluckte, abgeschürfte basaltische ozeanische Kruste (Ophiolithe) an die

Abb. 8 Entwicklungsstadien des Tibet-Plateaus und Himalayas

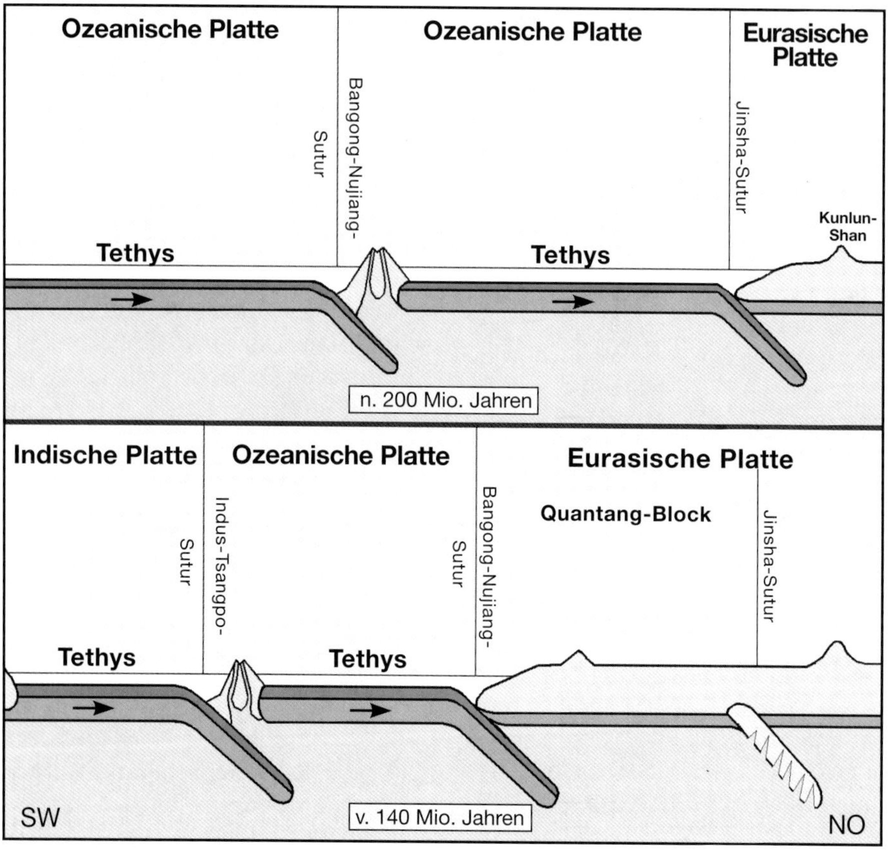

kontinentale Lithosphäre der eurasischen Platte an. Der so entstandene Krustenblock wird als **Quantang-Block** bezeichnet. Begrenzt wird er durch die Jinsha-Sutur im Norden und die Bangong-Nujiang-Sutur im Süden (s. Abb. 8 oben).

Eine weitere Sutur (**Indus-Tsangpo-Sutur**) liegt am Südrand der unter den Quantang-Block abtauchenden ozeanischen Platte. Es ist die Subduktionszone, an der die indische Platte unter eine ozeanische Platte abzutauchen beginnt. Oberhalb der Subduktionszone entsteht der Transhimalaya, ein Inselbogen aus Granitintrusionen und vulkanischen Ergußgesteinen. Der Meeresbereich zwischen Inselbogen (Transhimalaya)

Abb. 9 Entwicklungsstadien des Tibet-Plateaus und Himalayas

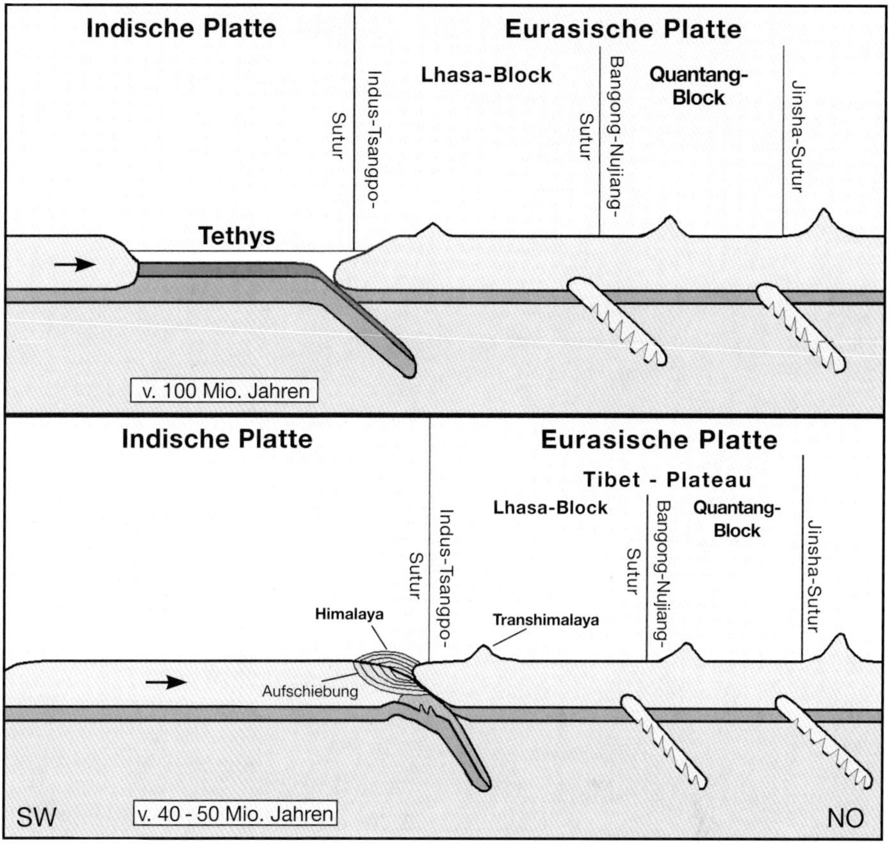

und dem festländischen Quantang-Block verkleinerte sich mit fortsetzender Norddrift Indiens ständig. Die darin abgelagerten Sedimente (Meeresablagerungen) wurden in Festland umgewandelt, wodurch sich der eurasische Kontinent vergrößerte.

Vor 100 Millionen Jahren

Vor rund 100 Millionen Jahren lagerte sich der sogenannte **Lhasa-Block** an die vergrößerte eurasische Platte an, wodurch der noch verbliebene Meeresbereich der Tethys wieder um ein vielfaches schrumpfte. Der Lhasa-Block besteht aus dem Transhimalaya und dem bis zur Bangong-Nujiang-Sutur reichenden Teil Tibets, der aus mesozoischen (vor 240 - 60 Millionen Jahren) Meeresablagerungen (Kalke) besteht. Diese Meeresablagerungen werden umsäumt von vulkanischen Gesteinen und Tuff führenden Sedimenten, die im Zuge der Angliederung des Lhasa-Blocks an Asien durch die Subduktion der indischen unter die eurasische Platte entstanden sind (s. Abb. 9 oben, S. 45).

Zwischen dem Transhimalaya und dem indischen Kontinent bestand am Ende des Mesozoikums noch ein Restmeer.

Vor 60 Millionen Jahren

Vor ca. 60 Millionen Jahren, etwa an der Wende Oberkreide / Alttertiär, war der indische Kontinent so weit nach Norden gedriftet, daß er das Himalaya-Meer (Restmeer der Tethys) vor und auf dem vergrößerten asiatischen Kontinent erreicht hatte.

Vor 40 - 50 Millionen

Es kam vor rund 40 - 50 Millionen Jahren zur Kollision der beiden Kontinente. Die 40 km mächtige Kontinentalkruste Indiens war offenbar zu leicht, um an der Naht zwischen dieser Platte und der eurasischen Platte sehr tief abzutauchen. Stattdessen glitten die konvergierenden Krustenblöcke an Überschiebungszonen übereinander. Der nördliche Rand der indischen Platte zerbrach in mehrere, schwach einfallende Platten, die übereinandergeschichtet die Kruste verdickt haben und den **Himalaya** bilden (s. Abb. 9 unten).

Sämtliche Gesteine, vom Grundgebirge des nordindischen Kontinents bis zur ozeanischen Kruste und den Tiefseesedimenten der Jura- und Kreidezeit, wurden im Zuge der Plattenkollision mit in den Bau des Himalayas einbezogen.

Nach der Kollision hebt sich zunächst der Transhimalaya. Zu dieser Zeit ist der Hohe-Himalaya als Gebirge noch nicht sichtbar. Sobald ein Gebirge auftaucht, beginnt auch die Erosion und Abtragung. Auf der südlichen Abdachung des Transhimalayas befinden sich 4.000 - 5.000 m mächtige Ablagerungen von Abtragungsschutt (Molasse), bestehend aus Konglomeraten und untergeordneten Sandsteinen. Reste dieser Aufschlüsse findet man am **Kailash-Berg.**

Jüngere solcher Ablagerungen liegen auf der Himalaya-Südseite und bilden dort die Siwalik-Ketten. Es handelt sich um den Abtragungsschutt des herausgehobenen Himalaya.

Mit zunehmender Kompression kommt es zu wellenartigen Verbiegungen ehemals horizontal lagernder Gesteinsschichten (s. **Kalksteinfalten** in der Barbung-Schlucht von **Dolpo**).

Ein Großteil der Bewegung erfolgt durch Verschiebung von Gesteinsschicht gegen Gesteinsschicht auf den Schichtfugen. Aufdringende Magmen können mit in den Faltungsprozess einbezogen werden, wobei Fließfalten entstehen. Gleichzeitig bewirken die aufdringenden Schmelzen im Berührungsbereich mit anderen Gesteinen Kontaktmetamorphosen, die z.B. dazu führen, daß ein Kalkstein durch Kontakt mit einer Schmelze zu Marmor umgewandelt wird (Marmor entsteht auch durch Regionalmetamorphose). Im südlichen Karakorum, im Hunzagebiet, findet man Falten aus weißem Marmor, die berühmt sind wegen der darin vorkommenden Rubine.

Durch die intensiven Raumeinengungsprozesse während der Kompression gerieten die Sedimentgesteine und die magmatischen Gesteine unter hohen Druck und hohe Temperaturen, so daß sie in metamorphe Gesteine umgewandelt wurden (kristalline Schiefer).

Jungtertiär

Während des Jungtertiärs war der zusammengestauchte Gebirgskörper des Himalayas starr geworden, so daß er nur noch bruchtektonisch reagieren konnte. Zwischen diesen Verwerfungen erfolgten bedeutende Emporhebungen. Zunächst stieg das tibetische Plateau höher als der damals noch niedrigere Himalaya auf. Dann aber, an der Zeitgrenze Pliozän (Jungtertiär) / Pleistozän (Quartär), fand an Querbrüchen, welchen die späteren großen Quertäler folgten, eine besonders intensive Hebung des zentralen Himalayas statt. In knapp 2 Millionen Jahren wurde nun der Hauptkamm des Himalayas in einigen Bereichen von etwa 1.000 auf mehr als 8.000 m emporgehoben. Allein während der letzten 600.000 Jahre erfolgte ein Aufstieg von etwa 3.000 Metern auf die heutigen Höhen. Der Himalaya wird auch heute noch emporgehoben. Wissenschaftler vermuten, daß er gemäß der Plattentektonik ca. 1 bis 2 cm pro Jahr gehoben wird. In 100.000 Jahren wären das respektable ein bis zwei Kilometer.

Die bei der Kollision gebildeten Gesteine gelangen durch die pliozän/pleistozänen Emporhebungen in große Höhen, so daß man in den höchsten Gipfeln und an den Bergflanken des Hohen-Himalayas junge helle Granite, Gneise, Glimmerschiefer, Tonschiefer und auch Marmore findet. Am Nordfuß des **Everest-Gipfels** liegen Kalke frei, ehemalige Meeresablagerungen des Tethys-Meeres. Sie sind aus den Tiefen des Meeres einige tausend Meter (bis zu 10.000 m) gehoben worden.

Erdbeben

Seit Beginn der Kollision, vor ca. 50 Millionen Jahren, driftet der indische Subkontinent immer weiter nach Norden und Osten und verursacht intensive Bruchbildungen bis weit nach China hinein. Für die meisten Erdbeben dieser Region ist die anhaltende Konvergenzbewegung der beiden Kontinente verantwortlich.

Die abtauchenden Plattenstücke verursachen Erdbeben und Vulkanismus. Die Erdbeben sind Ausdruck von Spannungen, die von zwei gegeneinander wirkenden Kräften in der Platte herrühren. Zum einen von ihrer Tendenz, wegen der relativ zum wärmeren Mantel höheren Dichte abzusinken, zum anderen von Gegenkräften wie der Reibung an der Plattengrenze und dem Widerstand der zähen Asthenosphäre gegen das Eindringen der Platte.

Erdbeben mit tiefen und mitteltiefen Hypozentren treten vor allem im Inneren der subduzierten Platte auf und zwar entlang der kühlsten Zone. Die meisten Erdbeben liegen in den obersten 100 bis 200 km Tiefe, die tiefsten in ca. 600 km Tiefe und mehr.

Die abtauchende Platte ist gegenüber ihrer Umgebung relativ kühl. Mit zunehmender Tiefe heizt sie sich auf, bis sie in Tiefen gelangt, wo ein Wärmeaustausch auch bis in das Innerste der Platte stattfindet. Die Platte erreicht die Temperatur ihrer Umgebung und wird von ihr absorbiert. Die Reibungen und Spannungen lassen nach, damit erlischt auch die Erdbebentätigkeit.

Seit 1650 hat es im Himalaya kein größeres Beben mehr gegeben. Auf einer rund 800 km breiten Front an der Grenze zwischen Indien und der Westhälfte Nepals und ein Stück weiter nach Nordwesten hat sich die abtauchende indische Platte verhakt. Bei Nepal ist sie inzwischen um bis zu 15 Meter aufgehalten worden.

Wenn hinten geschoben wird und sich vorne nichts bewegt, dann bauen sich Spannungen auf. Durch ein Erdbeben, vermutlich mit der Stärke 8 oder 9, könnten sie abgebaut werden. Nepal und weite Teile Nordindiens (Uttar Pradesh) könnten davon betroffen sein.

Staudammprojekte sind daher im gesamten Himalayaraum sehr fragwürdig und umstritten. So auch der gerade erst begonnene Bau des nordöstlich von Delhi gelegenen, 260 m hohen **Tehri-Dammes**. Er wäre für ein derart starkes Beben nicht ausgerüstet und würde zerbersten.

Das Wasser des Indus wird durch eines der größten Stauwerke Asiens, den **Tarbela-Damm**, zu einem großen See aufgestaut. Große technische Probleme treten auf, da quer zum Damm und dort, wo die Turbinenkavernen eingebaut sind, Bruchzonen verlaufen. Der Staudamm war nie ganz dicht. Tektonische Aktivitäten könnten zu einem Dammbruch und damit zu einer verheerenden Überschwemmungskatastrophe führen.

Geothermische Zonen (Heiße-Quellen u. Geysire)

In Anlehnung an Zerrüttungszonen und Verwerfungslinien sind geothermische Zonen mit heißen Quellen ausgebildet, die im gesamten Himalayaraum verteilt auftreten und einigen Seen warmes Wasser spenden. Touristen schätzen diese Seen als Badeseen.

In ganz Tibet gibt es ca. 600 solcher geothermischer Zonen. Sie begleiten zum einen die durch die jungtertiären und quartären Krustenbewegungen entstandenen Verwerfungslinien und zum anderen die Schweißnähte der zu verschiedenen Zeiten angelagerten Terranes (s. Tibet-Plateau), die ebenfalls von Ophiolithen (basaltisches Gestein des Ozeanbodens) begleitet werden.

An der Nahtstelle, dort, wo die indische Platte unter die eurasische Platte subduziert wird, liegt eine geothermische Zone mit heißen Thermalquellen und sprudelnden Geysiren. Der Tsangpo zeichnet die Subduktionszone nach.

Im Tsangpo-Flußbett, nicht allzuweit von Lhasa entfernt, entspringen heiße Quellen. Sie sind darauf zurückzuführen, daß durch vulkanische Wärme das Grundwasser erhitzt wird, welches wegen des Druckes der darüber stehenden Wassersäule bei 100° C nicht zum Sieden kommt. Erst beim Erreichen der diesem Druck entsprechenden Siedetemperatur wird durch eine kleine Eruption ein Teil des Wassers ausgeworfen. Diese Druckentlastung findet von Geysir zu Geysir in unterschiedlichen Zeitintervallen statt. An den Austrittsstellen der Thermalquellen befinden sich Ablagerungen von Silikatsintern (Kieselsinter) in Form konischer Kegel und Terrassen. Die Ausscheidung der gelösten Kieselsäure erfolgt durch Abkühlung und Verdampfen des Wassers an der Oberfläche.

Eine Stunde nordwestwärts von **Lhasa** erreicht man das **geothermische Feld von Yangbajain** (in ca. 4.300 m Höhe) mit seinen hydrothermischen Erscheinungsformen.

Die Wassertemperatur einiger heißer Quellen wie z.B. die der Tsifai-Quelle übersteigt mit 90 Grad Celsius die Siedetemperatur des Wassers auf dieser Höhe von 86 Grad Celsius.

Am Ostrand des geothermischen Feldes befindet sich ein ca. 7.000 m^2 großer Thermalsee mit kristallklarem Wasser. In der Mitte des Sees steigt eine heiße Strömung empor. Von Zeit zu Zeit steigen mit gewaltigem Getöse Fontänen von Schlamm und Steinen zum Himmel empor.

Klimatische Verhältnisse im Himalaya

Wie entstehen Klimazonen, Windgürtel und Monsunwinde ?

Die kugelförmige Gestalt der Erde ist dafür verantwortlich, daß es zu unterschiedlichen Einstrahlungsverhältnissen und damit zur Ausbildung von Windgürteln und Klimazonen auf der Erde kommt. Die Sonnenstrahlen treffen nicht überall im gleichen Winkel auf die Erdoberfläche auf. Vom Äquator zu den Polen treffen sie mit immer flacher werdendem Einfallswinkel auf. Bei flachem Einfall der Strahlen ist der Weg der Sonnenstrahlen durch die Atmosphäre vergleichsweise lang, so daß ein größerer Anteil der Strahlen absorbiert und reflektiert wird. Der Wärmegewinn ist daher in den niederen Breiten wesentlich größer als in den höheren Breiten (s. Abb. 10). Beim Lauf der Erde um die Sonne steht die Erdachse nicht senkrecht, sondern um etwa 23,5° gegen die Senkrechte gekippt, so daß sich der Gürtel der stärksten Sonneneinstrahlung im Laufe eines Jahres verändert. Begrenzt wird dieser Gürtel vom nördlichen und südlichen Wendekreis.

Da den tropischen und subtropischen Breiten praktisch ständig Wärme zugeführt wird und in den hohen Breiten ein ständiges Wärmedefizit herrscht, entsteht ein thermisch bedingtes Druckgebilde vom Äquator zu den Polen. Die thermisch bedingten Luftdruckdifferenzen führen zur Bewegung von Luftmassen (Winden).

Atmosphärische Zirkulation

Vereinfacht muß man sich die atmosphärische Zirkulation so vorstellen, daß in den äquatorialen Breiten ein Tiefdruckgebiet ausgebildet ist und in den polaren Breiten ein Hochdruckgebiet. In einem Tiefdruckgebiet herrscht aufsteigende Luftbewegung verbunden mit Kondensation und Wolkenbildung. Das Hochdruckgebiet hingegen zeichnet sich durch absteigende Luftbewegung, Wolkenauflösung und damit schönem Wetter aus. Am Boden eines Tiefdruckgebietes herrscht hoher Druck, der in der Höhe von tiefem Druck überlagert wird. Die Luftmassen bewegen sich immer vom Hoch zum Tief.

Dementsprechend müßte die thermisch erwärmte Luft in den äquatornahen Gebieten aufsteigen, in der Höhe polwärts zum tiefen Druck ab-

Abb. 10 Einstrahlungsverhältnisse

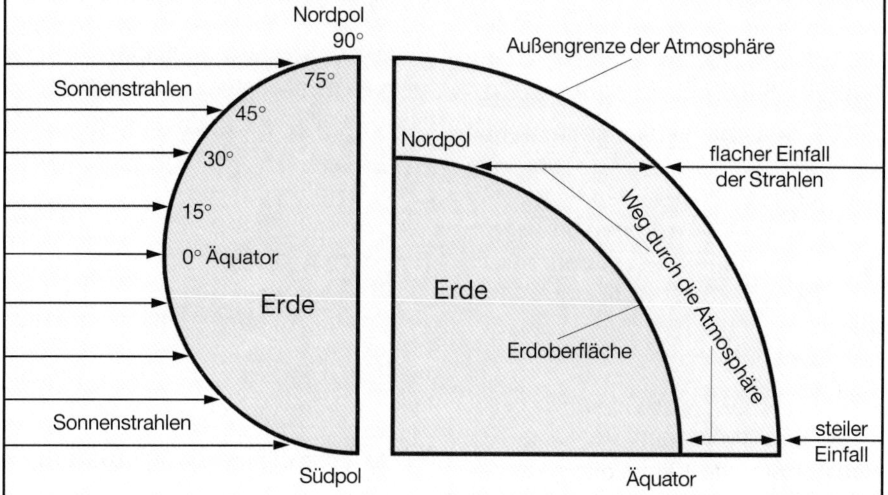

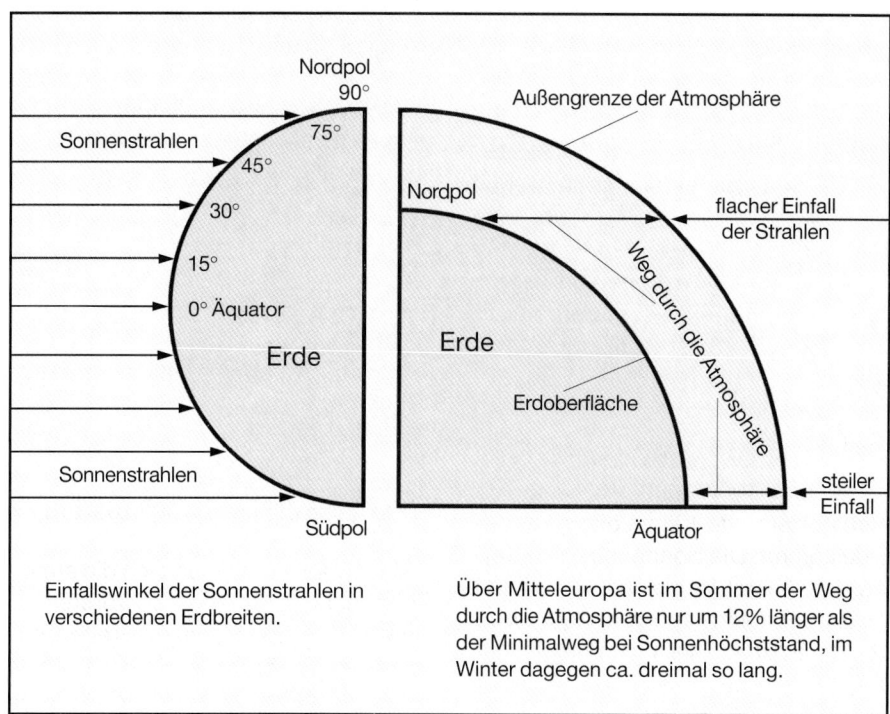

Einfallswinkel der Sonnenstrahlen in verschiedenen Erdbreiten.

Über Mitteleuropa ist im Sommer der Weg durch die Atmosphäre nur um 12% länger als der Minimalweg bei Sonnenhöchststand, im Winter dagegen ca. dreimal so lang.

fließen, dort wieder absteigen und in den unteren Schichten äquatorwärts strömen, um dort wieder eine aufsteigende Bewegung zu erfahren.

Westwinde

In der Praxis wird dieses Schema durch die ablenkende Coriolis-Kraft (s. Abb. 11, S. 53), durch Reibung in bodennahen Luftschichten und durch das thermische Verhalten von Land und Meer modifiziert. Die **Coriolis-Kraft** führt letztlich dazu, daß ein direkter Austausch von Luftmassen zwischen Äquator und den Polen nicht möglich ist. Sie ist eigentlich keine Kraft, sondern eine Trägheitswirkung. Die durch die Erdrotation entstehenden Umfangsgeschwindigkeiten der Breitenkreise nehmen vom Äquator zu den Polen ab. Eine polwärts bewegte Luftmasse wird auf der Nordhalbkugel nach rechts und auf der Südhalbkugel nach links abgelenkt, da sie aufgrund der polwärts abnehmenden Umfangsgeschwindigkeit einen Geschwindigkeitsüberschuß hat.

Die ablenkende Wirkung der Coriolis-Kraft führt dazu, daß die ursprünglich polwärts gerichtete Bewegung auf beiden Halbkugeln in eine Westwindströmung umgelenkt wird. In großer Höhe handelt es sich um eine reine Weströmung (Jet-Stream).

In den unteren Luftschichten wehen die Winde infolge der Reibung aus NW und SW. In der Westwindzone, zwischen dem fünfzigsten und sechzigsten Breitengrad, entstehen aufgrund der Temperatur- bzw. Luftdruckunterschiede zwischen den Polarregionen und den tropischen Breiten Turbulenzen.

Diese Luftbewegungen vollziehen sich in weitausladenden Wellen (Mäanderbewegungen), deren Entstehung teils thermisch, teils dynamisch erklärt wird. Die Mäander entstehen im Bereich der Hochgebirge. Sie werden von einigen Autoren als ein orographischer Reibungseffekt angesehen (dynamisch), von anderen dagegen als thermisch bedingter Aufheizungseffekt der Gebirge und Kontinente.

Bei starker Mäanderbewegung kommt es zur Ausbildung sekundärer zyklonaler (Tiefdruck) bzw. antizyklonaler (Hochdruck) Wirbel mit einer Tendenz zu polwärtigem bzw. äquatorwärtigem Ausscheren. Daraus ergeben sich die subpolare Tiefdruckrinne und der subtropische Hochdruckgürtel.

Auf der Südhalbkugel zeigt die Westwindzone durch das Fehlen größerer zusammenhängender Landmassen in den betreffenden Breiten eine geringere Tendenz zur Mäanderbildung, so daß die Windrichtung konstant östlich (v. West n. Ost) ist, und die Windgeschwindigkeiten sind 3 - 4 mal so groß wie auf der Nordhalbkugel. Die Westwindzone ist der wesentliche Bestandteil des atmosphärischen Zirkulationssystems und wird daher auch als „Schwungrad der Atmosphäre“ bezeichnet.

Ostwinde

Eine Luftmasse, die sich vom subtropischen Hochdruckgürtel in Richtung Äquator zur äquatorialen Tiefdruckrinne hin bewegt, wird aufgrund der äquatorwärts zunehmenden Umfangsgeschwindigkeit und dem daraus entstehenden Geschwindigkeitsdefizit nach Westen abgelenkt. Es entsteht eine Ostwindströmung, wobei die reine Oströmung (von Ost nach West) in der Höhe in den bodennahen Luftschichten durch Reibungskräfte zu einer NE- und SE-Strömung wird. Es handelt sich um den **NE-** bzw. **SE-Passat**. Die Passate treffen zwischen 0° und 10° Breite in der äquatorialen Tiefdruckrinne zusammen und bilden dort die **innertropische Konvergenz** (ITC). Sie zeichnet sich durch Luftmassenaufstieg, Kondensation und Wolkenbildung aus. Zwischen 25° und 30° Breite liegt der subtropische Hochdruckgürtel mit absteigenden Luftmassen und Wolkenlosigkeit (Roßbreiten).

Abb. 11 Coriolis-Kraft und Windgürtel der Erde

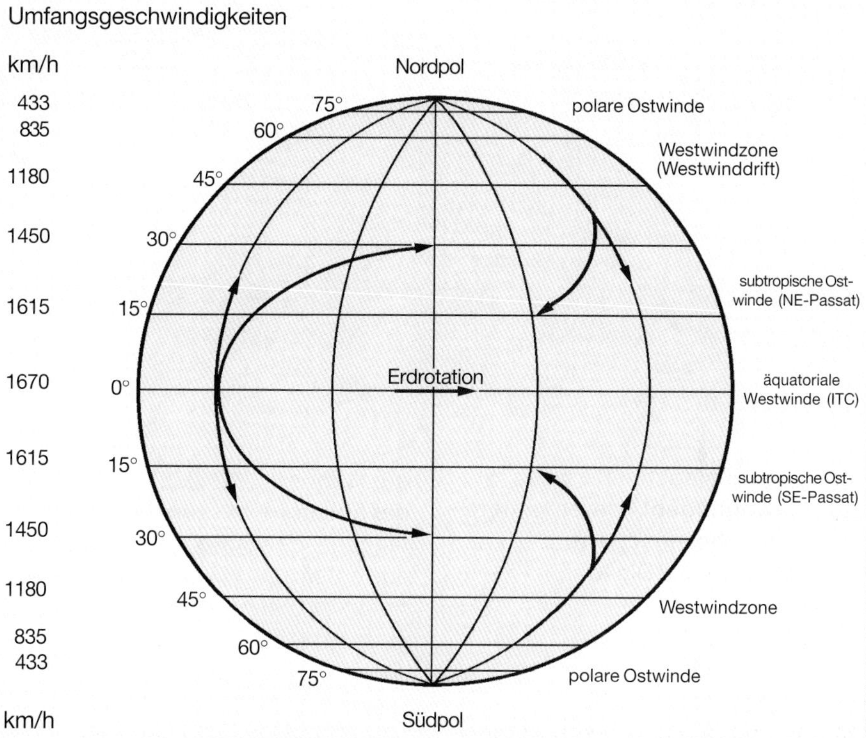

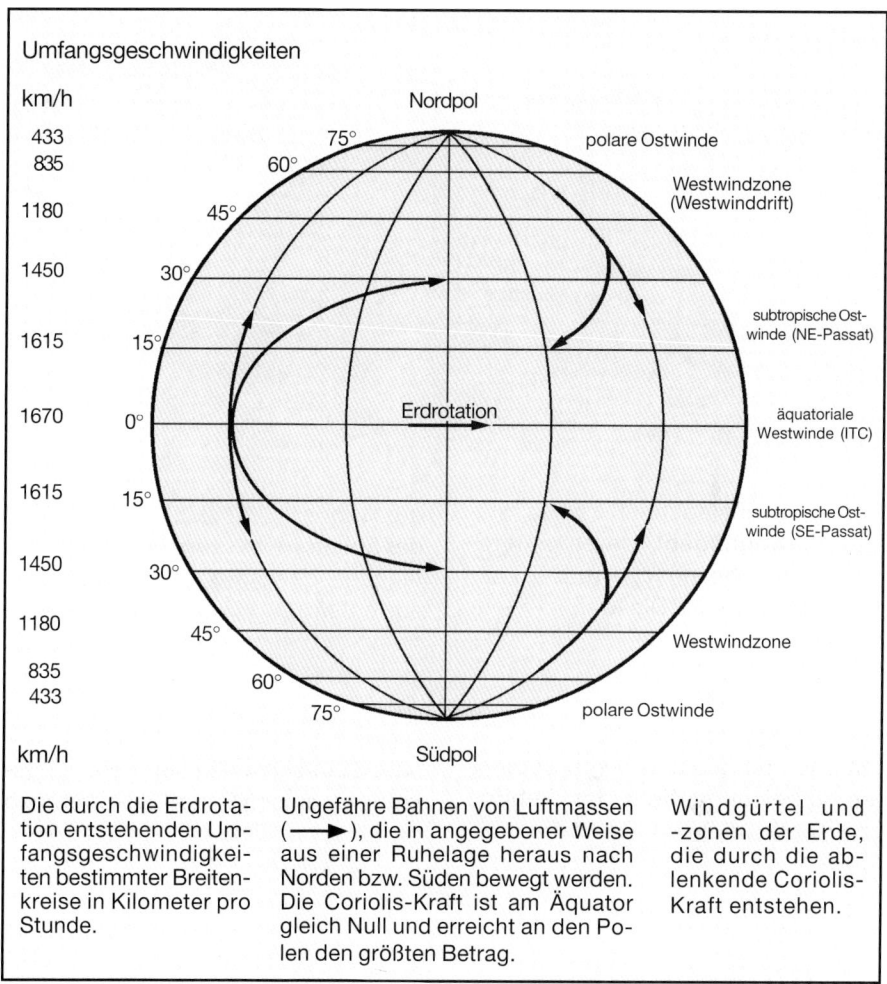

Die durch die Erdrotation entstehenden Umfangsgeschwindigkeiten bestimmter Breitenkreise in Kilometer pro Stunde.

Ungefähre Bahnen von Luftmassen (⟶), die in angegebener Weise aus einer Ruhelage heraus nach Norden bzw. Süden bewegt werden. Die Coriolis-Kraft ist am Äquator gleich Null und erreicht an den Polen den größten Betrag.

Windgürtel und -zonen der Erde, die durch die ablenkende Coriolis-Kraft entstehen.

Windgürtel der Erde

Für die atmosphärische Zirkulation ergibt sich eine zonale Anordnung der Druckgürtel mit drei Tiefdruckgürteln und vier Hochdruckgürteln. In den Tiefdruckgürteln wehen Westwinde und in den Hochdruckgürteln die Ostwinde (s. Abb. 12, S. 54).

Die Luftdruck- und Windgürtel der Erde verschieben sich mit der jährlichen Wanderung der Sonne zwischen

Abb. 12 Niederschlagszonen der Erde

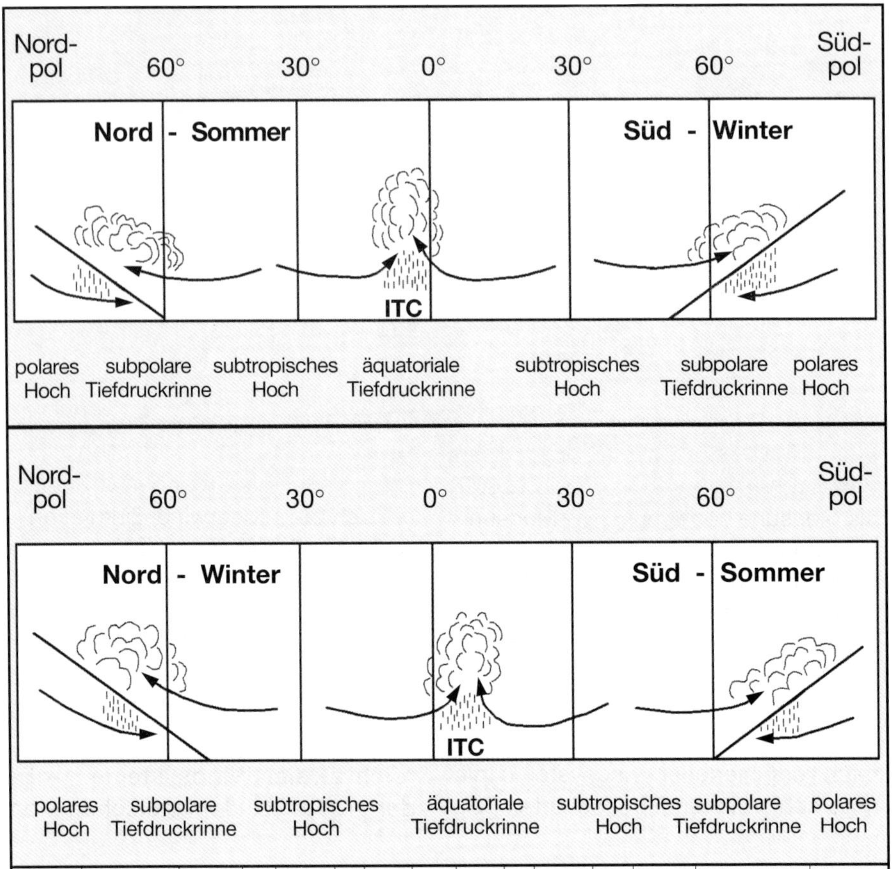

geringe Niederschläge zu allen Jahreszeiten	Niederschlag zu allen Jahreszeiten, Maximum im Sommer	Winter: Regen Sommer: Trockenheit	geringe Winterregen	trocken zu allen Jahreszeiten	geringe Sommerregen	Sommer: Regen Winter: Trockenheit	Regen zu allen Jahreszeiten	Sommer: Regen Winter: Trockenheit	geringe Sommerregen	trocken zu allen Jahreszeiten	geringe Winterregen	Winter: Regen Sommer: Trockenheit	Niederschlag zu allen Jahreszeiten, Maximum im Sommer	geringe Niederschläge zu allen Jahreszeiten

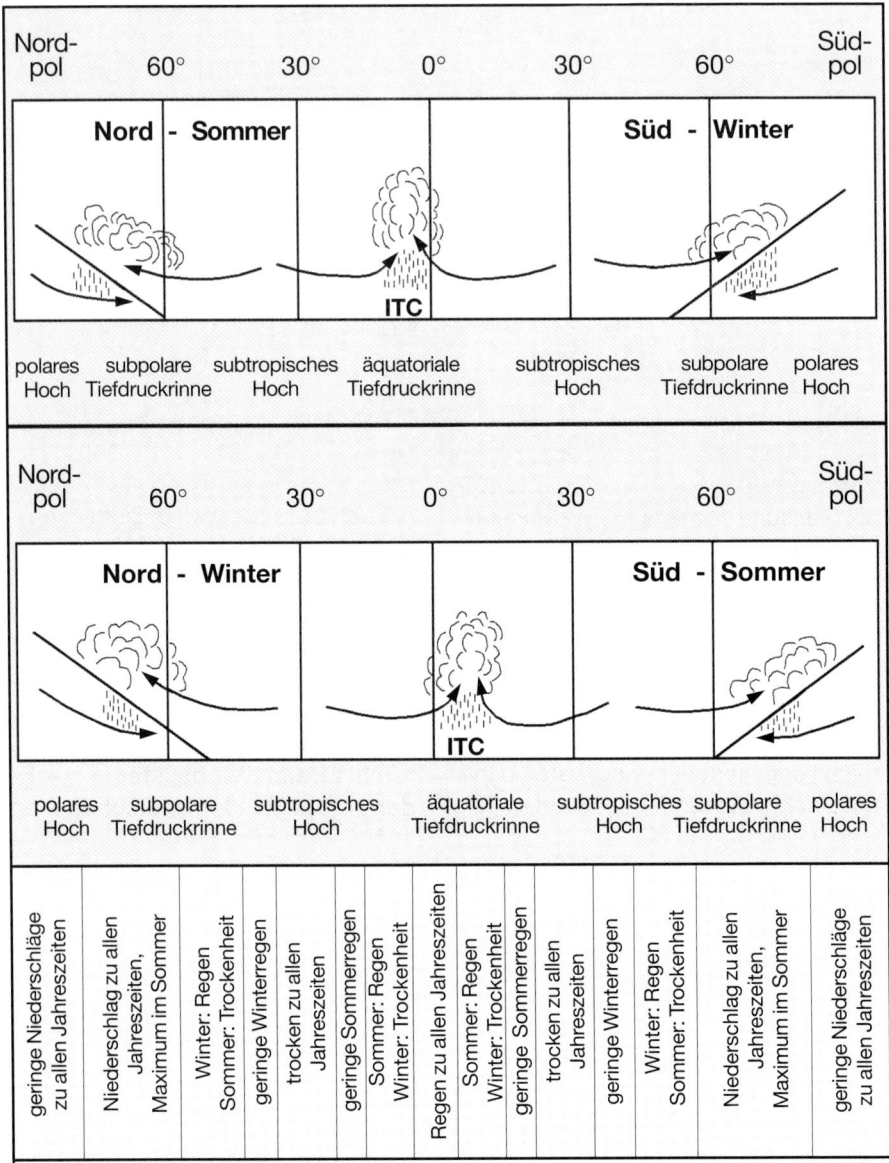

Entsprechend dem Sonnengang ergibt sich eine Verschiebung der Niederschlagszonen im Laufe eines Jahres, so daß sich acht Hauptniederschlagszonen auf jeder Halbkugel erkennen lassen.

nördlichem und südlichem Wendekreis. Dies wirkt sich auf die Verteilung der Niederschläge aus. Das Mittelmeergebiet z.B. (40° - 45°), das im Winter im Bereich der Westwindzone, im Sommer aber am Rand der Passatregion liegt, erhält einen feuchten Winter und einen trockenen Sommer (vergl. Abb. 12).

Monsunzirkulation

Es können aber auch die in einem Gebiet konstant wehenden Winde halbjährlich ihre Richtung vollständig umkehren. Die **jahreszeitlich wechselnden Windsysteme** werden auch als Monsune bezeichnet. Die Monsunzirkulation wird als ein integrierter Bestandteil der allgemeinen Zirkulation betrachtet. Der Windsprung wird durch die jahreszeitliche Verschiebung der Windgürtel erklärt, durch die die betreffenden Gebiete im jahreszeitlichen Wechsel in den Einflußbereich verschiedener Windsysteme mit unterschiedlichen Eigenschaften gelangen (wie schon für die Mittelmeerregion beschrieben). Den jahreszeitlichen Wechsel der Windgürtel im Mittelmeergebiet kann man zwar auch als Windsprung bezeichnen, ohne daß diese Regionen als Monsungebiete aufgefaßt werden können. Für reine **Monsungebiete** ist kennzeichnend, daß der Winkel zwischen den jahreszeitlich wechselnden Winden ca. 180°, mindestens aber 120° beträgt. Vorderindien und Ostasien sind die klassischen Monsungebiete.

Gerade die speziellen thermischen Verhältnisse und das Vorhandensein größerer zusammenhängender Landmassen, wie sie im asiatischen Raum anzutreffen sind, lassen einen so großen Winkel zwischen den jahreszeitlich wechselnden Winden entstehen.

Der **vorderindische Monsun** und der östlich daran anschließende Monsun, der den indonesischen Raum bis Borneo, die Philippinen und Südchina umfaßt, ist Bestandteil einer jahreszeitlich wechselnden subtropisch-tropischen Zirkulation.

Das „**Monsunphänomen**“ erklärt sich aus einer Kombination von allgemeiner planetarischer Zirkulation mit der Land-Meerwind-Zirkulation (s. Abb. 15, S. 58).

Monsunales Wettergeschehen im Himalaya

Der Himalaya liegt im Einflußbereich zweier Windsysteme, wobei der größte Teil dem indischen Monsunsystem mit seinen Sommerniederschlägen ausgesetzt ist, nur der Westen (Karakorum) und Hochtibet wird von der Westwinddrift mit Winter- und Frühlingsniederschlägen beherrscht.

Sommer- und Wintermonsun

Es entstehen jahreszeitlich bedingte Druckgefälle zwischen den kontinentalen Bereichen und dem Meer, was dazu führt, daß die Winde im

Abb. 13 Monsunwinde und -niederschläge/Sommerhalbjahr

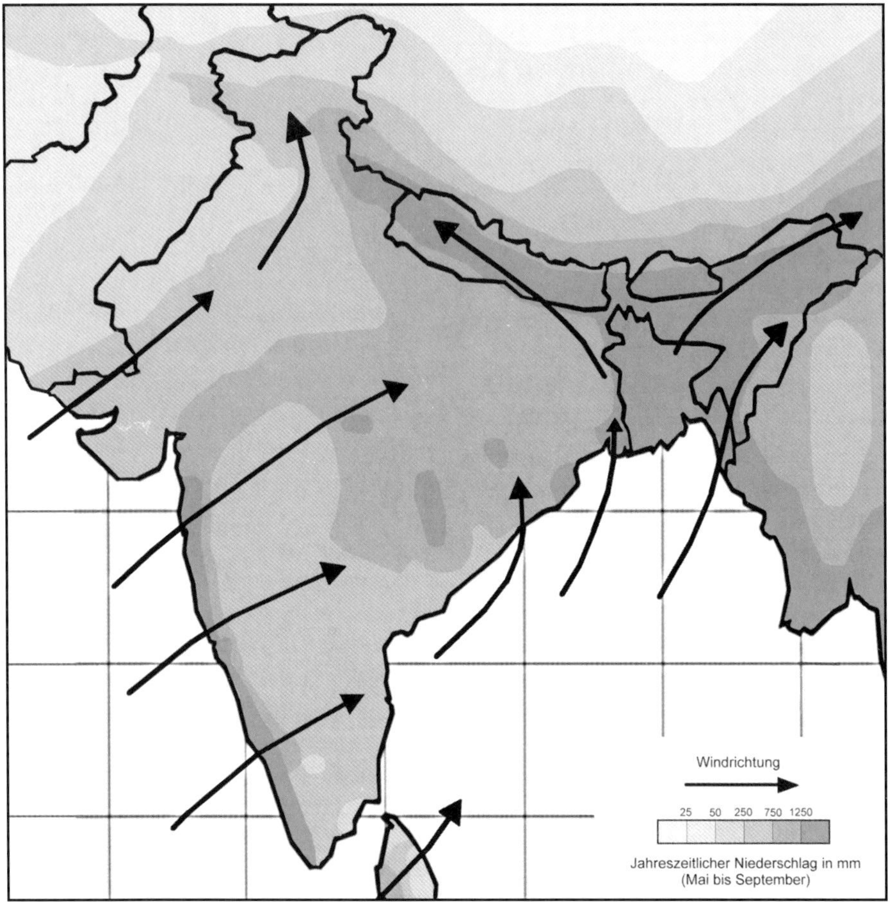

Sommer landeinwärts und im Winter seewärts wehen (s. Abb. 13 u.14).

Im **Sommer** entsteht über dem Kontinent ein thermisch bedingtes Tiefdruckgebiet. Da sich Wasser gegenüber dem Land langsamer erwärmt, bildet sich über dem Meer ein Hochdruckgebiet. Die über dem Kontinent aufsteigenden Luftmassen strömen in der Höhe meerwärts, wo sie absteigen, sich mit Feuchtigkeit beladen und in einer bodennahen Luftströmung landeinwärts wehen. Sie können zum Teil ergiebige Niederschläge bringen.

Abb. 14 Monsunwinde und -niederschläge/Winterhalbjahr

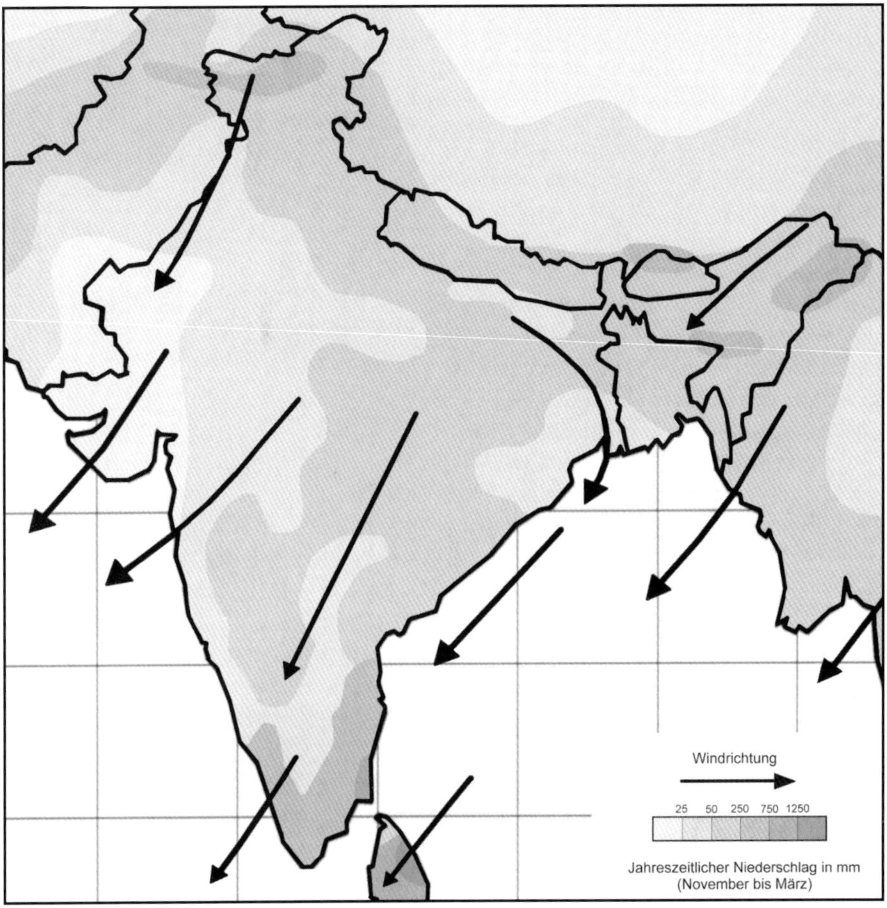

Gleichzeitig verlagert sich im Frühsommer die Westwinddrift nach Norden. Über dem Hochland von Tibet entsteht durch die starke Erhitzung ein bodennahes Hitzetief, das in der Höhe von einem Hoch (warmes Hoch) überlagert wird. Dieses blokkiert die Westwinddrift und lenkt ihren südlichen Ast nach Norden um. Gleichzeitig kommt es zu dieser Jahreszeit zu einer Nordverlagerung der innertropischen Konvergenz (Äquatoriale Tiefdruckrinne, dort wo die Passate zusammentreffen). Durch ein thermisch bedingtes Tief über dem Iran erfolgt eine weite Nordverlagerung der innertropischen Konvergenz bis zum Rande der asiatischen Hochgebirge (Himalaya). Das Vorrücken geschieht nur langsam, so daß erst die südlichen, später die nördlichen und zuletzt die nordwestlichen Regionen einbezogen werden.

Die absteigenden Passat-Winde aus dem Subtropen-Hoch strömen zum äquatorialen Tief nördlich des Äquators. Aufgrund der Coriolis-Kraft wird auf der Nordhalbkugel eine vom Äquator zu den Polen sich bewegende Luftmasse nach rechts bzw. nach Osten abgelenkt, wodurch die ursprünglich aus SE wehende Passatströmung in eine SW-Strömung umgelenkt wird. Beim weiteren Vordringen zum kontinentalen Tief (Tief über Iran) nach Nordwesten wird aus der SW-Strömung eine SE-Strömung, die feuchtigkeitsbeladene Luftmassen mit sich führt.

Im **Winter** kehren sich die Verhältnisse um. Der Kontinent ist gegenüber dem Meer, das als Wärmespeicher fungiert, deutlich kühler, und die Winde wehen vom trockenen Inneren des Kontinents zum Meer.

Die Westwinddrift mit ihren Zyklonen verlagert sich zu dieser Jahreszeit nach Süden, wobei sie sich in zwei Äste aufspaltet. Der nördliche Ast reicht jenseits des tibetischen Hochlandes weit nordwärts bis nach Südsibirien. Der südliche Ast ist stärker ausgebildet und verläuft am Südfuß des Himalayas bis östlich von China, im Lee des Hochlandes. Dort vereinigen sich beide Äste wieder.

Abb. 15 Land- und Meerwindzirkulationen

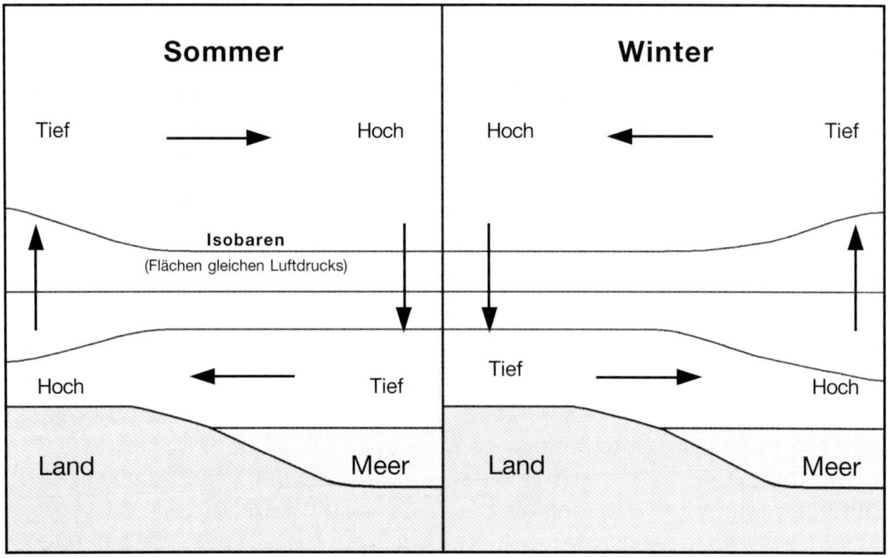

Die Zyklonen (Tiefdruckzellen) des südlichen Astes überlagern die subtropischen Antizyklonen (Hochdruckzellen). Über dem kalten zentralasiatischen Hochland bildet sich ein Hoch, von dem aus ein Druckgefälle nach Süden zu den Zyklonen der verlagerten Westwinddrift entsteht. Trocken-kalte Luftmassen kontinentalen Ursprungs wehen aus nördlicher Richtung (trockener Wintermonsun).

Der Sommermonsun als Regenbringer

Der Sommermonsun als Hauptklima-Element und Regenbringer nimmt von Süd-Osten nach Nord-Westen sehr rasch ab. Die Monsunregen beginnen nach der winterlichen Trockenzeit (Wintermonsun) im April / Mai einzusetzen und dauern bis Ende September an. Entgegen der weit verbreiteten Auffassung beginnt der Monsun mit seinen großen Niederschlagsmengen keineswegs plötzlich. Im Anschluß an eine im Frühjahr einsetzende Vormonsunperiode mit konvektiven Niederschlägen, die häufig mit Gewittern verbunden sind, folgt ein allmählicher Übergang von der trockenen Periode zum Monsun. Das Einsetzen der Monsunniederschläge stellt sich über Nordindien (Assam) gewöhnlich Mitte Juni ein. Das weitere Vordringen nach Nord-Westen bis Pakistan erfolgt recht langsam und dauert häufig bis in den Juli hinein. Im September beginnt der Rückzug des Monsuns, der sich jedoch bis in den November hinein fortsetzen kann.

Die beste Reisezeit

Aufgrund des monsunalen Wettergeschehens ist die beste Zeit für Trekkingtouren von Mitte Oktober bis Mitte Mai. Da aber in den Wintermonaten die Westwinddrift mit ihren Höhenwinden (Strahlströmen oder Jet-Streams) sehr weit südwärts greift, sind Trekkingtouren ab 5.000 m Höhe wegen der dort herrschenden Höhenwinde mit Windgeschwindigkeiten von 40 bis 100 m/sec. erschwert. Für Trekkingtouren bis in 4.000 m Höhe aber sind die Wintermonate wegen des kühlen, trockenen und sonnigen Wetters eine ideale Zeit.

Klimazonen

Die zonale Anordnung der Windgürtel beruht im wesentlichen auf unterschiedlichen Einstrahlungsverhältnissen auf der Erde, die wiederum mit dem Einfallswinkel der Sonnenstrahlen zusammenhängen. Legt man den Einfallswinkel der Sonnenstrahlen auf der Erde zugrunde, so erhält man parallel zum Äquator verlaufende solare Klimazonen. Da aber bei gleicher geographischer Breitenlage unterschiedliche Klimafaktoren (z.B. Land-Meerverteilung oder Gebirgserhebungen) zu abweichenden klimatischen Erscheinungen führen können, kommt es in Wirklichkeit zur Auflösung der rein zonalen Anordnung. Heute wird

Tabelle. 1 Legende zur Klimaklassifikation

A = Tropische Regenklimate:

keine kühleren Jahreszeiten, kältester Monat > 18° C.

Untergliedert nach der Niederschlagsverteilung:

w = wintertrocken:	mindestens ein Monat weniger als 60 mm Niederschlag.
f = beständig feucht:	mehr oder weniger ganzjährig verteilter Niederschlag ohne ausgesprochene Trockenzeit. Schwankung des Jahresganges geringer als bei **w**.
m = Monsunklima:	im Bereich tropischen Monsunklimas mit kurzer Trockenzeit, die wenig effektiv ist. Die von dem Niederschlagreichtum der übrigen Monate herrührende Bodenfeuchtigkeit ermöglicht es dem Urwald, die regenarme Zeit zu überdauern.

Af **Tropisches Regenwaldklima**
Aw **Savannenklima**

B = Trockenklimate:

reduzierte Regenmenge unter 500 mm.

Untergliedert nach der Trockenheit:

BW = Wüstenklima:	"echte Trockenheit" Regenwahrscheinlichkeit von 20%.
BS = Steppenklima:	Regenwahrscheinlichkeit liegt zwischen 20 % und 36%.

Untertyp nach Wärme-Schwellenwerten:

k	=	winterkalt-Jahrestemperatur < 18° C, aber wärmster Monat > 18° C.
h	=	heiß (Jahrestemperatur > 18° C).
w	=	wintertrocken mit Regenmaximum im Herbst.
s	=	sommertrocken mit Regenmaximum im Herbst.

Tabelle. 1 Legende zur Klimaklassifikation

C = Warmgemäßigte Regenklimate:

kältester Monat zwischen 18° C und -3° C, wärmster Monat 10° C.

Untergliedert nach der Niederschlagsverteilung:

w = wintertrocken: regenreichster Monat der wärmeren Jahreszeit mit mehr als 10 mal soviel Niederschlag als der regenärmste Monat der kälteren Jahreszeit.

Untertyp nach Wärme-Schwellenwerten:

a = Temperatur des wärmsten Monats > 22° C.
b = Temperatur des wärmsten Monats < 22° C, aber noch mindestens vier Monate > 10° C.

Cw Sinisches Klima

D = (Boreale) Schnee-Wald-Klimate:

kältester Monat -3°C, wärmster Monat > 10°C, nur auf der Nordhalbkugel.

Untergliedert nach der Niederschlagsverteilung:

s = sommertrocken: regenreichster Monat der kälteren Jahreszeit mit mindestens 3 mal soviel Niederschlag als der regenärmste Monat der wärmeren Jahreszeit.

Untertyp nach Wärme-Schwellenwerten:

c = 1 bis 4 Monate > 10° C, kältester Monat > -38° C.

E = Kalte Klimate (Schnee- und Eisklimate):

wärmster Monat < 10° C, jenseits der Baumgrenze (sie liegt bei 10° C).

Tabelle 2 Klimadaten (Stationen 1 - 4)

1 Lhasa	Tibet	3658,0 m ü. NN										
	Jan	Feb	März	April	Mai	Juni	Juli	Aug	Sep	Okt	Nov	Dez	Jahr
Mittl. Temp. in °C	-2,3	0,8	4,3	8,3	12,6	15,5	14,9	14,1	12,8	8,1	1,9	-1,9	7,5
Mittl. Temp. Max. °C	6,8	9,2	12,0	15,7	19,7	22,5	21,7	20,7	19,6	16,4	11,6	7,7	15,3
Mittl. Temp. Min. °C	-10,2	-6,9	-3,2	0,9	5,1	9,2	9,9	9,4	7,6	1,4	-5,0	-9,1	0,8
Mittl. rel. Feuchte in %	28	27	30	35	40	53	67	70	65	48	37	35	45
Niederschlag (mm)	0,2	0,1	2	4	21	73	142	149	57	5	0,8	0,3	454
Tage mit < 5 mm N	0,5	0,5	1,8	3,7	7,7	14,4	20,4	21,2	13,8	2,9	0,6	0,2	87,7

2 Schigatse	Tibet	3836,0 m ü. NN											
	Jan	Feb	März	April	Mai	Juni	Juli	Aug	Sep	Okt	Nov	Dez	Jahr
Mittl. Temp. in °C	-4,1	-0,5	2,9	7,7	11,9	14,7	14,2	13,0	11,8	6,5	0,4	-3,5	6,3
Mittl. Temp. Max. °C	5,7	8,0	11,0	15,5	19,5	22,1	21,0	19,6	18,7	15,2	10,7	7,0	14,5
Mittl. Temp. Min. °C	-13,1	-9,5	-5,4	-0,7	3,4	7,6	8,7	8,1	5,8	-1,2	-8,2	-12,3	-1,4
Mittl. rel. Feuchte in %	28	19	23	25	33	50	66	71	63	43	32	31	40
Niederschlag (mm)	0,6	0	1	2	9	66	144	154	58	4	0,2	0	439
Tage mit < 5 mm N	0,5	0	0,9	1,6	4,3	12,1	19,9	23,3	12,9	2,2	0,5	0	78,3

3 Kathmandu	Nepal	1337,0 m ü. NN											
	Jan	Feb	März	April	Mai	Juni	Juli	Aug	Sep	Okt	Nov	Dez	Jahr
Mittl. Temp. in °C	10,0	11,7	16,1	20,0	23,1	24,4	24,2	24,2	23,6	20,0	15,3	11,1	18,7
Mittl. Temp. Max. °C	22,8	23,9	30,0	32,8	33,3	33,3	31,7	31,7	31,7	30,0	26,1	22,8	29,2
Mittl. Temp. Min. °C	-1,1	1,7	3,3	7,2	12,2	16,1	18,3	18,3	16,1	8,9	2,8	0,0	8,7
Mittl. rel. Feuchte in %	80	79	63	61	67	76	84	86	85	85	84	81	78
Niederschlag (mm)	15	41	23	58	122	246	273	345	155	38	8	3	1427
Tage mit < 2,5 mm N	1	5	2	6	10	15	21	20	12	4	1	1	98

4 Darjeeling	Indien	2265,0 m ü. NN											
	Jan	Feb	März	April	Mai	Juni	Juli	Aug	Sep	Okt	Nov	Dez	Jahr
Mittl. Temp. in °C	5,0	5,6	9,7	13,1	14,7	15,9	16,7	16,1	15,3	13,1	8,9	6,1	11,7
Mittl. Temp. Max. °C	12,8	13,9	18,9	20,6	21,7	22,2	22,8	22,8	21,7	19,4	16,7	13,9	19,0
Mittl. Temp. Min. °C	-0,6	0,0	2,8	6,1	8,3	11,7	12,8	12,8	11,7	7,2	3,9	0,6	6,4
Mittl. rel. Feuchte in %	83	82	73	78	80	93	95	95	93	87	79	78	85
Niederschlag (mm)	13	28	43	104	216	589	789	638	447	130	23	8	3037
Tage mit < 2,5 mm N	1	3	4	7	14	21	26	24	17	5	1	1	124

Tabelle 2 Klimadaten (Stationen 5 - 7)

5 Dhuburi Indien 35 m ü. NN

	Jan	Feb	März	April	Mai	Juni	Juli	Aug	Sep	Okt	Nov	Dez	Jahr
Mittl. Temp. in ° C	17,8	19,4	23,6	25,9	26,4	27,2	27,8	28,1	27,2	26,1	22,2	18,1	24,2
Mittl. Temp. Max. ° C	25,6	28,9	35,0	36,1	35,0	33,3	33,9	30,6	32,8	31,7	28,9	25,6	34,4
Mittl. Temp. Min. ° C	11,7	13,3	13,3	17,8	19,4	22,2	23,9	23,9	22,8	19,4	15,0	11,1	17,8
Mittl. rel. Feuchte in %	75	69	58	64	81	87	87	87	87	82	79	79	78
Niederschlag (m m)	8	18	46	130	373	605	434	343	368	117	8	3	2453
Tage mit < 2,5 mm N	1	1	3	8	15	18	16	15	13	5	1	<1	97

5 Simla Indien 2202 m ü. NN

	Jan	Feb	März	April	Mai	Juni	Juli	Aug	Sep	Okt	Nov	Dez	Jahr
Mittl. Temp. in ° C	-7,2	-5,6	0,6	6,1	8,3	13,3	17,5	17,0	13,3	7,2	0,9	-4,2	5,6
Mittl. Temp. Max. ° C	2,8	7,2	13,9	18,3	22,2	26,1	28,3	27,2	25,0	20,0	12,2	7,8	17,6
Mittl. Temp. Min. ° C	-19,4	-18,9	-12,8	-5,0	-1,1	2,2	5,6	6,1	1,1	-5,0	-10,0	-16,7	-6,2
Mittl. rel. Feuchte in %	57	54	53	49	39	42	54	58	50	46	57	56	51
Niederschlag (m m)	10	8	8	5	5	5	13	15	8	2	3	5	87
Tage mit < 2,5 mm N	1	1	1	1	1	1	1	2	1	<1	<1	1	13

7 Leh Indien 3506 m ü. NN

	Jan	Feb	März	April	Mai	Juni	Juli	Aug	Sep	Okt	Nov	Dez	Jahr
Mittl. Temp. in ° C	5,3	5,9	10,3	14,7	18,3	19,4	18,1	17,2	16,7	13,9	10,6	7,5	13,2
Mittl. Temp. Max. ° C	13,3	14,4	18,9	23,3	26,7	26,7	23,9	22,2	21,7	20,6	17,2	15,6	20,4
Mittl. Temp. Min. ° C	-2,8	-2,8	0,6	5,0	8,3	10,6	12,8	13,3	10,6	6,7	3,3	-1,1	5,4
Mittl. rel. Feuchte in %	54	55	41	36	38	60	88	91	76	50	40	47	56
Niederschlag (m m)	61	69	61	53	66	175	424	434	160	33	13	28	1577
Tage mit > 2,5 mm N	4	5	5	4	5	10	20	19	9	2	1	2	86

Vergleichsstation Regensburg (Deutschland) 376,0 m ü. NN

	Jan	Feb	März	April	Mai	Juni	Juli	Aug	Sep	Okt	Nov	Dez	Jahr
Mittl. Temp. in ° C	-2,7	-1,6	3,2	8,0	12,9	16,2	18,0	17,2	13,8	8,3	3,0	-0,9	8,0
Mittl. Temp. Max. ° C	-0,1	2,0	8,3	13,6	18,8	22,0	23,6	23,1	19,4	12,4	5,7	1,3	12,5
Mittl. Temp. Min. ° C	-5,4	-4,0	-1,0	2,9	6,8	10,6	12,4	11,6	8,7	4,4	0,2	-3,1	3,7
Mittl. rel. Feuchte in %	85	83	77	72	71	73	74	77	79	83	87	83	89
Niederschlag (mm)	46	41	33	40	59	83	93	74	52	44	39	42	646
Tage mit> 0,1 mm N	17	15	12	14	14	15	15	15	13	12	15	16	176

eine Einteilung nach Klimaregionen vorgenommen, wobei die Klimaklassifikation von W. Köppen wohl am weitesten verbreitet ist.

Die Klimaklassifikation beruht auf der Grundlage von Schwellenwerten der Temperatur, des Niederschlags und der jahreszeitlichen Verteilung beider Elemente. Andauerwerte von Temperatur und Niederschlag gehen außerdem mit in die Klassifikation ein. Die Auswirkungen des Klimas auf die Vegetation werden ebenfalls berücksichtigt. Es gibt für bestimmte Zonen Charakterpflanzen, die die Fähigkeit besitzen, sich an bestimmte klimatische Bedingungen anzupassen (z.B. durch Blattlosigkeit während einer Trocken- oder Kälteperiode). In den höheren Breiten stellt die Temperatur bzw. die Wärme, in den niederen Breiten die Feuchtigkeit den limitierenden Faktor dar, der Pflanzenwuchs erst ermöglicht und ihn mit der notwendigen Anpassungsfähigkeit an bestimmte klimatische Bedingungen ausstattet.

Zur Kennzeichnung der Klimagebiete verwendet v. Köppen eine Klimaformel, die aus einer Aneinanderreihung von Buchstaben besteht. Der erste Buchstabe gibt die Klimazone, der zweite den Klimatyp und der dritte den Klimauntertyp an. Die fünf Klimazonen werden durch die Buchstaben A bis E unterschieden (s. Tab. 1, S. 60 - 61).

Klimaregionen im Himalaya

Die Fußstufe des östlichen Himalayas liegt vollkommen im Bereich der tropischen A-Klimate. Mit abnehmenden Niederschlägen und länger werdender Trockenzeit vollzieht sich der Wechsel vom Am-Klima zum Aw-Klima.

Die Siwalik-Kette, das Mahabharat Lekh und das nepalesische Mittelland gehören bis in Höhen von rund 3.300 m zum warmgemäßigten wintertrockenen Cwb-Klima mit einer Mitteltemperatur des wärmsten Monats unter 22° C. Die tiefer liegenden Ebenen wie das Kathmandu-Becken und Täler dieser Mittelgebirgslandschaft sind wärmer und trockener als die sie umgebenden Berg- und Hanglagen und besitzen daher trotz der geringen Niederschläge im Regenschatten kein Trockenklima (B-Klima), sondern ein warmgemäßigtes wintertrockenes Cwa-Klima. Das kleine a bedeutet, daß die Temperatur des wärmsten Monats mehr als 22° C beträgt.

In einigen Tälern des westlichen Himalayas und Karakorums herrschen Wüstenklimate (BW-Klimate) wie das trockene winterkalte BWk-Klima mit einer Jahrestemperatur $< 18°$ C. Die Temperatur des wärmsten Monats beträgt aber $> 18°$ C. In Gilgit herrscht ein BWh-Klima. Das kleine h steht für heiß und einer Jahrestemperatur $> 18°$ C.

In den feuchteren Tälern des Nordwestens mit einer feuchteren Periode von Dezember bis Mai findet man ein boreales Schneewald-Klima, Dsc-Klima (Dras).

Steppenklimate (BS-Klimate) treten in den östlichen Tallagen des Transhimalayas und in den Tälern des nördlichen Kashmir auf. Nur mit dem Unterschied, daß in den Tallagen des Transhimalayas wie bei Gyangtse die kalte Abwandlung des wintertrockenen Steppenklimas BSkw herrscht und in den Tälern des nördlichen Kashmir wie bei Kargil und Drosh das sommertrockene BSks-Klima.

Die oberhalb der Baumgrenze liegenden höchsten Gebiete des Himalayas, in denen alle Monatsmittel der Lufttemperatur unter 10° C liegen, gehören zu den Schnee- und Eisklimaten (E-Klimate).

Besonderheiten des Hochgebirgsklimas

Der Föhn, ein warmer Fallwind

Das Hochgebirgsrelief des Himalayas stellt für die von Süden heranströmenden monsunalen Luftmassen ein Hindernis dar. Sie werden zum Aufsteigen gezwungen. Da mit zunehmender Höhe der Luftdruck abnimmt, kann sich die Luft ausdehnen. Bei der Ausdehnung wird Energie verbraucht, was zu einer Abkühlung der Luft führt.

In der Regel beträgt die Temperaturabnahme mit der Höhe 1° C/100 m. Man nennt dies den **trockenadiabatischen Luftmassenaufstieg**. Kalte Luft kann weniger Feuchtigkeit aufnehmen als warme Luft. Diese physikalische Gesetzmäßigkeit bewirkt, daß der Feuchtigkeitsgehalt einer bodennahen warmen Luftmasse mit zunehmender Höhe und Abkühlung der Lufmasse nicht mehr gehalten werden kann. Es kommt zur Kondensation und Niederschlagsbildung. Die verbrauchte Energie, die zur Kondensation benötigt wurde, wird nun wieder mit dem Niederschlag frei. Nach Erreichen des Kondensationsniveaus nimmt dieTemperatur daher nur noch um 0,5 - 0,6° C/100 m ab (**feuchtadiabatischer Luftmassenaufstieg**).

Im Luv (windzugewandte Seite) eines Gebirges regnet es vom Kondensationsniveau an bis in Gipfelhöhe. Über dem Gipfelkamm steht eine Wolkenwand oder **Föhnmauer**.

Die in Gipfelhöhe angelangte Luftmasse steigt im Lee (windabgewandte Seite) des Gebirges ab, was mit Wolkenauflösung und schönem Wetter verbunden ist und erwärmt sich dabei nach dem trockenadiabatischen Temperaturgradienten. Das Ergebnis ist, daß die an das stauende Gebirgsmassiv herangeführte Luftmasse (Luvseite) nach Aufsteigen und Überwinden der Gebirgskette als eine deutlich wärmere bodennahe Lufmasse im Lee des Gebirgsmassivs ankommt. Dieser Erwärmungseffekt wird als Föhn bezeichnet (s. Abb.16).

Steigungsregenlagen

Je nach Lage und Höhe des Gebirges befindet sich das Kondensationsniveau in unterschiedlichen Höhenlagen. Daraus ergeben sich verschiedene Steigungsregenlagen innerhalb eines Gebirgssystems. Der Himalaya gliedert sich von Süden nach Norden in mehrere Steigungsregenlagen entsprechend den hintereinandergeschalteten Gebirgszügen.

Die Siwalik-Ketten ragen bis ca. 1.500 m Höhe auf und stellen die erste Staffel von Steigungsregenlagen dar. Der südlichste Kamm des Vorderen-Himalayas, der Mahabarat Lekh, bildet die zweite Staulage für hohe Niederschläge. Die höchste Staffel für Steigungsregenlagen bildet die bis über 7.000 m Höhe aufragende Himalaya-Hauptkette. In Nepal beispielsweise liegt das Kondensationsniveau im Luv des Annapurna-Massivs bei ca. 2.400 m Höhe. Nach Norden, im Luv der nördlich anschließenden Gebirgsketten, steigt das Kondensationsniveau auf 3.500 - 4.000 m und 4.200 - 4 .500 m Höhe an.

Niederschlagsverteilung

Während der Monsunzeit können in Steigungsregenlagen, auf der Südabdachung bis zu 6.000 mm Niederschlag fallen. Das Niveau der maximalen Niederschläge liegt an den äußeren Rändern des Himalayas bei 2.000 m oder etwas darüber. An Tagen mit hohen Niederschlägen herrscht auf der Nordabdachung der Gebirgsketten Föhn. In den im Regenschatten der Gebirgsketten gelegenen Hochtälern herrscht aufgrund der Föhnwirkung Trockenheit. Nur durch Quertäler können monsunale Sommerregen noch die breiten Hochtäler im Regenschatten des Himalaya-Hauptkammes erreichen.

Da das Siwalik-Gebirge nicht besonders hoch ist, steigen die Niederschläge gegenüber dem Tiefland nur unbedeutend an. Außerdem wird kein Regenschatteneffekt erzielt, was beim wesentlich höheren Mahabarat-Gebirge nicht mehr der Fall ist. In der Monsunzeit werden im Luv des Gebirges (Südabdachung) um die 2.400 mm

Abb. 16 Das Föhnprinzip

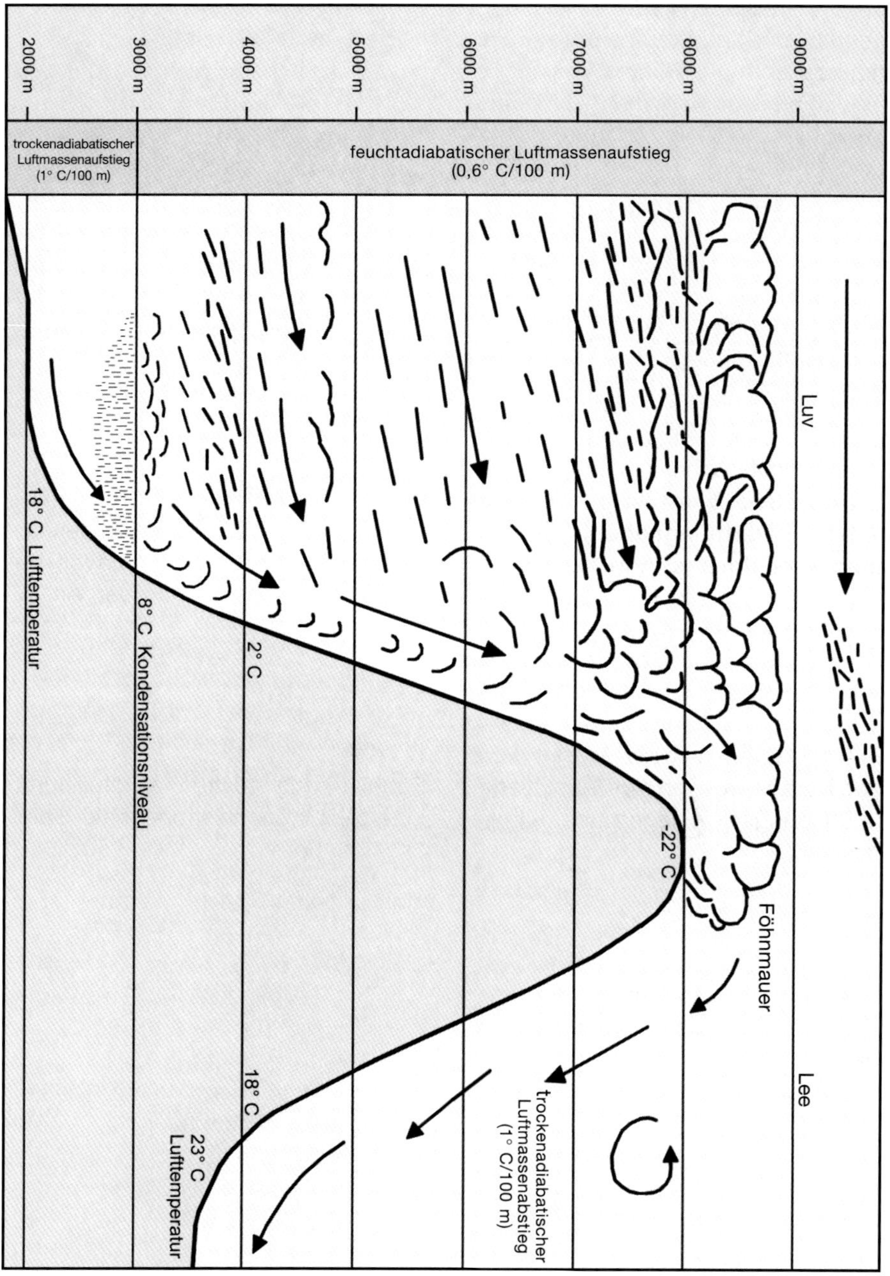

Niederschlag gemessen. Im Lee des Gebirges (Nordabdachung) fallen nur gut die Hälfte der Niederschlagsmengen. Die Niederschlagsdifferenzierung zwischen Luv- und Leelage ist jedoch am Hohen-Himalaya am ausgeprägtesten. Dort, wo auf der Südabdachung des Hohen-Himalayas keine Vorgebirge vorgelagert sind wie im Süd-Osten, ist der Unterschied zwischen Luv und Lee am auffälligsten. In Assam sind monsunale Niederschläge um die 3.000 mm allgemein verbreitet. Auf der Nordseite des Gebirges, in Gyangtse z.B. werden nur noch 270 mm gemessen.

Im östlichen Himalaya erlaubt es die NS-Exposition der Täler den feuchten Luftmassen, weiter nach Norden vorzustoßen. Da dem Hohen-Himalaya hier keine niedrigeren Gebirgsketten vorgelagert sind, entfallen auch die sonst mehrfach aufeinanderfolgenden adiabatischen Zustandsänderungen, so daß nur der Hohe-Himalaya selbst in den Genuß von Steigungsregen kommt. Entsprechend höher liegt hier auch das Niveau der max. Niederschläge.

Wie deutlich der Unterschied zwischen Luv- und Leelage hervortritt, hängt vermutlich auch noch davon ab, wie nah oder wie fern die einzelnen Gebirgsketten zueinander liegen. Liegen sie weiter auseinander wie in Nepal, dann ist der Unterschied deutlicher ausgeprägt als im umgekehrten Fall.

Föhnmauer

Im Bereich der auf dem Gebirgskamm stehenden Wolkenwand oder Föhnmauer können noch um die 1.500 mm Niederschlag in Form von Schnee fallen. Diese Niederschlagsmengen tragen dazu bei, daß große Talgletscher wie der **Rongbuk-Gletscher** (Mt. Everest-Nordabdachung) mit einer Länge von 16 km im Lee eines Gebirgskammes existieren können. Niederschläge von etwa 341 mm, wie sie in der Föhngasse des Rongbuk-Tals fallen, würden dafür nicht ausreichen.

Abweichungen

Starke Abweichungen von den allgemeinen Grundsätzen der vertikalen Niederschlagsverteilung ergeben sich in größeren Höhen. So erhalten beispielsweise Gipfel und Bergkämme in 5.000 bis 5.500 m Höhe im Gebiet des Mt. Everest vier bis fünfmal höhere Niederschläge als die Talstation Lhajung in 3.500 m Höhe. Auslöser für dieses Phänomen scheint eine strahlungsbedingte Lufterwärmung oberhalb der Schneegrenze über höher liegenden aufgeheizten Flächen zu sein, die eine konvektive Niederschlagsbildung hervorruft. Die erwärmte Luft steigt infolge der geringeren Dichte über dem aufgeheizten Untergrund auf und kühlt sich dabei ab. Wird das Kondensationsniveau erreicht, bilden sich Wolken und es beginnt zu regnen.

Berg- und Talwind

Tageszeitlich wechselnde Berg- und Talwinde sind eine ganz typische Erscheinung der trockenen Hochgebirgstäler, wo von morgens 10, 11 Uhr an ein Luftstrom talauf weht, der sich zum Sturm steigern kann. Im Kali Gandaki-Tal setzt der Wind zwischen 9 - 9:30 Uhr allmählich ein, wird zunehmend stärker und erreicht Windgeschwindigkeiten von 15 - 16 m/sec oder gar 20 - 25 m/sec an exponierten Standorten (10 m/sec = 36 km/h). Am frühen Nachmittag ist das Maximum erreicht. Erst gegen 22 Uhr bzw. Mitternacht flaut er endgültig ab. Die starken Stürme bzw. Windböen können Steinschläge auslösen und Windräder, die zur Stromgewinnung aufgestellt worden sind, zertrümmern.

Nach Aufsteigen der Luftmassen über der Talflanke biegt ein Teil über der Talmitte zurück und bewegt sich abwärts, was zur Austrocknung der Talsohle führt. Landwirtschaft kann daher auch nur in Bewässerungsoasen betrieben werden.

Der tageszeitlich wechselnde Berg- und Talwind geht auf unterschiedliche Erwärmung höher gelegener Berghänge und tiefer gelegener Talregionen zurück. Nach Sonnenaufgang erwärmt sich die Luft über den zur Sonne exponierten Hängen rascher als die Luftschichten gleichen Niveaus über dem Tal. Die erwärmte Luft über den Hängen dehnt sich aus und steigt nach oben, wodurch die Isobarenflächen (Linien gleichen Drucks) angehoben werden. Es bildet sich ein Tiefdruckgebiet aus mit hohem Druck über dem Boden und tiefem Druck in der Höhe.

Über dem Tal liegt ein Hochdruckgebiet mit absteigenden Luftmassen vom hohen Druck in der Höhe zum tiefen Druck über dem Boden. Die Isobarenflächen liegen hier dichter beieinander (vergl. Abb. 15, S. 58). Daraus ergibt sich ein Druckgefälle vom Tief über den Berghängen zum Hoch über dem Tal. Dem Druckgefälle folgend strömt die Luft in der Höhe Richtung Talmitte. Dort steigt sie ab und erfährt an den Talhängen wieder eine Aufwärtstendenz, indem sie den vormittags einsetzenden Talwind speist.

Nachts kehrt sich das System um, da die Abkühlung über den Hängen stärker ist als über dem Tal. Die Winde wehen dann nicht mehr talaufwärts, sondern talabwärts. Die Windgeschwindigkeiten der nächtlichen Nordwinde erreichen meist nur eine Stärke von 2 m/sec.

Gletscherwinde

Gletscherwinde sind im Gegensatz zu den warmen Fallwinden wie der Föhn kalte Fallwinde. Auf Trekkingtouren zu den Gletschern wehen sie einem beständig als kalte Vorboten der nahenden Gletscherwelt entgegen. Der Grund für die ständig talabwärts gerichteten kalten Gletscherwinde sind die mit Schnee und Eis bedeckten Berghänge, die auch tagsüber kälter bleiben als die sie umgebende Luft. Dadurch werden ständig hangabwärts gerichtete Winde erzeugt. Die Windgeschwindigkeiten können dabei sehr groß werden.

Winterliche Nordwinde

Die winterlichen kalten Nordwinde stehen im Zusammenhang mit der Süd-Verlagerung der Westwinddrift zu dieser Jahreszeit (s. Abb. 12). Das Hochland von Tibet und die umrahmenden Gebirgsketten ragen in die westliche Höhenströmung mit ihren Strahlströmen (Jet Streams) hinein.

In den Längstälern des Himalayas wie z.B. im Kali Gandaki-Tal erreichen die winterlichen Nordstürme Spitzenwindgeschwindigkeiten wie die tagesperiodischen Talaufwinde. Sie dauern mehrere Tage Tag und Nacht ohne Unterbrechung an.

Warum ist der Himmel im Hochgebirge so tief blau ?

Daß der Himmel im Hochgebirge so tief blau ist, hängt mit der diffusen Himmelsstrahlung und dem Dünnerwerden der Luft bzw. der Abnahme an Luftmolekühlen mit der Höhe zusammen.

Auf dem Weg durch die Atmosphäre wird die von der Sonne ausgehende Strahlung, die sich aus einer kurzwelligen blauen und einer langwelligen roten Strahlung zusammensetzt, zerstreut. Man spricht auch von Diffusion. Die Diffusion findet an den Luftmolekühlen und den Beimengungen der Luft statt. Dabei erfährt der kurzwellige blaue Anteil des sichtbaren Spektrums eine intensivere Diffusion als der langwellige rote Anteil. Vom Erdboden betrachtet, erscheint der Himmel daher blau.

Mit zunehmender Höhe nimmt die Dichte der Luft ab und damit auch der Anteil der zerstreuenden Teilchen, so daß das Himmelblau schwarzblau wird und schließlich in ein tiefes Schwarz übergeht.

Vegetationsverbreitung und landwirtschaftliche Nutzung im Himalaya

Nicht nur die Klimazone ist entscheidend für das Auftreten bestimmter Pflanzen, sondern auch die Höhenlage, Exposition im Gelände (Sonn- und Schatthang, Luv- und Leelage), das Relief (Senken oder Plateaus), die Bodenbeschaffenheit und lokale Windverhältnisse (z.B. thermisch bedingte Talwinde) nehmen Einfluß auf die Verteilung der Vegetation.

Neben diesen natürlichen Eingriffen ist es der Mensch, der das natürliche Vegetationsmosaik stark verändert hat. Bestimmte Pflanzengesellschaften sind dadurch an ihren ursprünglichen Standorten verschwunden und durch andere ersetzt worden.

Natürliche Einflüsse auf die Verbreitung der Vegetation

Niederschläge

Die Niederschläge nehmen im Himalaya entsprechend dem Monsun von Osten nach Westen und von Süden nach Norden hin ab, was sich im Verbreitungsmosaik der Vegetation widerspiegelt.

Von Süden her dringt der Monsun im Sommer über Paßlücken in die Längstalfurchen ein und bringt Niederschläge. Lhasa liegt in diesem klimatisch begünstigten Gebiet und ist daher umgeben von grünen Hainen. Sonst wachsen in dieser Höhe nur dürre Steppengräser.

Im Ost-Himalaya, wo fast ganzjährig Niederschlag fällt, herrschen immergrüne Formationen von tropischem Regenwald über Bergwald, Nebelwald bis hin zu den alpinen Matten.

Im Hauptteil des Gebirges tritt Fallaubwald und ein hoher Anteil an Nadelhölzern auf.

In einem schmalen Gürtel zwischen 3.000 m und 4.000 m Höhe findet man Nadelhölzer auch im trockeneren West-Himalaya. Begrenzt wird dieser Gürtel nach unten durch die Trockenheit und nach oben durch die Kälte. Unterhalb von 3.000 m Höhe treten Gebirgswüsten- und steppen auf.

Luv- und Leeeffekt

Die Niederschlagsdifferenzierung von Luv- und Leelage eines Gebirges spiegelt sich ebenfalls in der Vegetationsverbreitung wider. In den verschiedenen luvseitigen Stauregenlagen der hintereinandergeschalteten Bergrücken kommt es zu ergiebigen Regenfällen. Im Lee dieser Gebirgszüge herrscht hingegen Trockenheit. So kommt es beispielsweise, daß einige Gebirgsketten wie die Pir Panchal-Kette auf der Südseite von dichten Eichenwäldern besetzt sind und auf der Nordseite von trockeneren Nadelwäldern oder von einer Steppenvegetation.

Im Regenschatten der Himalaya-Hauptkette liegt die Hochgebirgshalbwüste des Tibetischen-Himalayas, wo aufgrund der Trockenheit nur vereinzelt eine geschlossene Pflanzendecke erhalten ist.

Sonn- und Schatthang, Wirkung des Windes

Waldvorkommen

Die Waldstufe im Himalaya hat eine ähnliche Obergrenze wie in den Alpen. In etwa 4.000 m Höhe liegt die Baumgrenze, die durch den Krummholzgürtel markiert wird. Die angrenzende Nadelwaldzone fällt talwärts bis auf 2.500 m ab. Darunter befinden sich im Ost-Himalaya Laubwälder, im West-Himalaya Kiefernwälder, wahrscheinlich eine Folge der vielen Waldbrände, die Kiefern am ehesten überstehen.

Foto 9, S. 73 Monsunaler Bergwald der untersten Höhenstufe im Arun-Tal (zwischen 1.000 und 1.500 m Höhe). In den nebligen und immer schattigen Seitenschluchten hat sich ein sehr artenreicher primärer und sekundärer Wald mit großblättriger, monsuntropischer Vegetation gehalten.

Foto 10, S. 74 Hochwald auf der Himalaya-Südseite (um 2.400 m ü. d. M.) mit immergrünen Eichen. Die Rinde ist besetzt mit epiphytischen Farnen und Moosen. Im Hintergrund ist der 6.983 m hohe Aufbau des Lamjung Himalayas zu sehen.

Foto 11, S. 75 Sehr hochwüchsiger Nadelwald in der Schlucht des oberen Mayangdi Khola (in 2.800 m Höhe). Hier stehen 40 - 50 m hohe Tannen (Tsuga-dumosa). Im Hintergrund befindet sich die 4.600 m hohe Dhaulagiri-Westwand, eine der höchsten Steilwände der Erde.

Im Khumbu Himalaya werden die obersten Waldvorkommen auf den Sonnhängen durch Tannen und auf den Schatthängen durch Birken gebildet. Rhododendron-Krummholzwald ist bei Windschutz in allen Expositionen vertreten.

Der höchste Birkenwald reicht bis 4.240 m hinauf, Rhododendron-Krummholzwald mit Birken bis 4.280 m. Die höchsten Tannen stehen bei 4.200 m.

Die aktuellen höchsten Waldvorkommen liegen auf dem Sonnhang höher als auf dem Schatthang. Die obere Waldgrenze liegt auf der Mt. Everest-Südabdachung am Sonnhang bei 4.440 m. Auf dem Schatthang hingegen liegen alle Waldgrenzzeugen 200 m tiefer.

Der Talwind kann aber dazu führen, daß die thermische Bevorzugung des Sonnhangs überlagert wird und die obere Waldgrenze auf den windgeschützten, schattseitigen Flanken höher liegt als auf den windausgesetzten, sonnseitigen Flanken.

Sehr viele Pflanzen bevorzugen windgeschützte Standorte. Rhododendron-Zwergstrauchfluren und Cyperaceen-Rasen bevorzugen beispielsweise windgeschützte Standorte. Die Anpassung der Pflanzen an den Wind äußert sich in einer gedrungenen und polsterförmigen Wuchsform (s. Foto 13, S. 76).

Substratabhängigkeit

Daß die Verbreitung der Vegetation auch sehr stark vom Ausgangssubstrat abhängig sein kann, zeigen einige Beispiele.

Auf grobblockreichen Moränen findet man häufig Nadelhölzer (Koniferen). Auf wasserdurchrieseltem Lokkermaterial sind beispielsweise Erlenhaine typisch. Bambus-Dickichte gedeihen besonders gut auf Grobblockakkumulationen.

Foto 12, S. 76 oben — Das Foto zeigt eine alte Kulturlandschaft im Arun-Tal mit Reisanbau auf Bewässerungsterrassen, Stoppelweiden und Futterbäumen (zwischen 600 und 1200 m Höhe). Der Wald ist stark degradiert. In der Mitte des Bildes wird winterzeitlich temporär in Handarbeit mit Hilfe hölzerner Trockenrahmen aus Zellulose wertvolles Zeichenpapier für die Klöster hergestellt.

Foto 13, S. 76 unten — Kugelpolster und Zwergstrauchvegetation (semiaride Vegetation) nördlich des Himalaya-Hauptkammes, im Niederschlagsschatten des Hohen-Himalayas. Im Hintergrund befindet sich der 7.061 m hohe Nord-Gipfel des Nilgiri.

Eiszeit

Die pleistozänen Kaltzeiten haben die Vegetation des Himalaya-Raumes stark beeinflußt. Nachdem vor ca. 10.000 Jahren die letzte Kaltzeit zu Ende ging, haben sich vor allem das tibetische Hochland und der Pamir vom Massensterben der Pflanzen jener Zeit kaum erholt. Während in anderen Himalaya-Gebieten oberhalb der 4.500-Meter-Grenze immerhin 500 verschiedene Arten von Blütenpflanzen vorkommen, gibt es in diesem Höhenbereich im Pamir nur 100 und in Hochtibet gerade 50 Arten. Nach dem Zurückweichen der Gletscher sind auf den Höhen einige durch die Eiszeit bis in den Himalaya vorgestoßene arktische Spezies verblieben.

Menschliche Eingriffe auf die Verbreitung der Vegetation

Brandrodung und Landnahme

Bei der Landnahme im Himalaya spielten die durch Sonne, Regen, Wind, Temperaturunterschiede und Bodenbeschaffenheit hervorgerufenen natürlichen Standortunterschiede eine Rolle. Im Gegensatz zu den Schatthängen, auf denen geschlossene, dichte, feuchte Wälder angesiedelt sind, findet man auf den Sonnseiten lichte, lückige, trockenwüchsige Wälder. Die Wälder der Sonnseiten wurden daher schon sehr früh vom Menschen gerodet und in Weideland umgewandelt. Auf den ehemals von Tannenwäldern eingenommenen Flächen stellte sich nach der Brandrodung vermutlich Kiefernwald als Sekundärwald ein. Die Kiefer als Brandfolger wurde vom Vieh nicht verbissen, so daß ein Sekundärwald entstehen konnte. Durch die Einführung der Kartoffel nahm die Bevölkerung zu, und damit stieg auch der Brennholzbedarf, was zu einer Auflichtung der Kiefernwälder in Weidebuschwälder führte.

Brandrodung wird auch heute noch betrieben. Das am Hangfuß gelegte Feuer breitet sich mit dem Talwind über die luvseitige Flanke aus. Brandrodung dient zur Gewährleistung der Almwirtschaft. Würde das Feuerlegen unterbleiben, dann stellten sich sehr schnell Bäume ein, die das Weideareal verkleinern.

Terrassenlandschaft

In der unteren montanen Stufe (bis ca. 2.000 m Höhe) ist die natürliche Vegetation bis auf wenige Schluchtwaldrelikte in eine terrassierte Kulturlandschaft umgewandelt worden. Angebaut werden Mais, Weizen, Fingerhirse, Ölsaaten (z.B. Raps), Taro, Bohnen in Mischkultur und Tee. Bananen, Zitrusfrüchte, Fingerhirse und Tee haben hier ihre Kältegrenze. Dort, wo das Relief die Wasserzuleitung ermöglicht, wird auch Reis angebaut. In Bhutan gedeiht er bis auf 2.800 m Höhe. Kartoffeln und Gerste werden in der oberen montanen Stufe, oberhalb von 2.000 m Höhe angebaut. Auf den Terrassenkanten stehen Futterlaubbäume, meist Reste des natürlichen Bergwaldes. Sie stellen für das Vieh eine wichtige Futterquelle dar und bleiben daher trotz ihrer ertragsmindernden Schattenwirkung erhalten (s. Foto 12, S. 76).

Schindelgewinnung

Tannen dienen dem Menschen zur Schindelgewinnung für ihre Hausdächer. Alle sieben Jahre müssen die Holzschindeln der Dächer ersetzt werden, was zu einer starken Dezimierung der Tannenwaldbestände führt.

Zur Schindelherstellung wird nur der obere Teil einer 30 m hohen Tanne benötigt. Die Reststämme verbleiben im Wald und verrotten, wodurch der Wald schwer gangbar wird.

Da der aufkommende Tannenjungwuchs bevorzugt vom Vieh abgeweidet wird, kann die Dezimierung der Tannenwaldbestände durch das Nachwachsen junger Bäume nicht ausgeglichen werden.

Weidewirtschaft

Die tief in das Gebirge eingeschnittenen Täler am monsunalen Ost- und Südostrand des tibetischen Hochplateaus sind durch Hochwasser und Bergrutsche gefährdet. Verstärkt wird dieser Prozess durch die umfangreichen Abholzungen zur Erschließung von Ackerland. Die seit Jahrhunderten betriebene nomadische Weidewirtschaft der Tibeter hat dazu geführt, daß sich bereits die Mattenstufe nach unten ausgedehnt hat. Ein zu hoher Viehbesatz führt zur Boden- und Vegetationszerstörung.

Die Überweidung in den trockeneren Regionen führt allerdings zu einer noch größeren Zerstörung der natürlichen Vegetation, da die Regenerationsfähigkeit der Vegetation hier deutlich geringer ist gegenüber feuchteren Regionen.

Im Tibetischen-Himalaya ist die natürliche Vegetation sehr stark durch

Ziegenbeweidung überformt worden. Kultisch geschützte Bäume an Normalstandorten bezeugen, daß hier Wald existieren könnte.

Anhand von Pollenanalysen ist eine Rekonstruktion der natürlichen Vegetation möglich. Es konnte dadurch nachgewiesen werden, daß es in Südtibet während der postglazialen Wärmezeit zwischen 7.500 und 5.500 yrs.b.p. Kiefern- und Birkenwälder gab.

Raubbau

Der überall zu beobachtende Raubbau durch ungelenkte Übernutzung von Waldprodukten droht die natürliche Vegetation und mit ihr die Böden zu zerstören.

Bhutan darf dabei als mustergültiges Beispiel gelten, da hier aufgrund eines rigoros durchgeführten Forstgesetzes große Waldgebiete erhalten geblieben sind. Nepal wurde mit dem Vollzug des Forstgesetzes 1961 in fünf Forstbezirke mit 75 Destrikten eingeteilt. Da es aber zur Überwachung der Waldbestände an Dienststellen mangelte, geriet der Wald zunehmend unter die Axt Einheimischer.

Bäume und Waldboden wirken bei heftigen Monsunregen wie ein regulierender Schwamm. Geht dieser verloren wie beispielsweise in Nepal und Himachal Pradesh, wo die Waldvernichtung weit fortgeschritten ist, dann reißen die starken Niederschläge ganze Hanglagen ungehindert fort.

Seit der Öffnung Nepals (1950) wird in internationalen Gremien über die dringende Aufforstung des Landes verhandelt. Ohne die dringend notwendige Aufforstung kann die immer weiter um sich greifende Erosion nicht aufgehalten werden.

Das ACAP-Aufforstungsprogramm, was unter anderem auch die Bestockung der Ackerterrassen mit Futterlaubbäumen forciert, konnte im Jahr 1991 im Vergleich zu den Vorjahren einen deutlichen Aufwärtstrend der Aufforstungsrate erzielen. Dies gilt für die Anzahl der Setzlinge als auch für die in Anspruch genommene Fläche.

Die Zunahme des naturorientierten Trekking-Tourismus und die damit verbundene gesteigerte Nachfrage nach Brennholz führte jedoch zu einer dauerhaften Schädigung des subalpinen Krummholzwaldes und der alpinen Zwergsträucher und Matten. Den Trekking-Gruppen ist zwar der Verzicht auf Holz vorgeschrieben, nicht aber den mindestens genauso zahlreichen Trägerkolonnen. Allein ins Annapurna-Gebiet kommen jährlich über 40.000 Trekking-Touristen.

Höhenstufen der Vegetation

Im Himalaya gibt es auf engstem Raum, auf weniger als 200 km Luftlinie von Süden nach Norden und bei mehreren tausend Meter Höhenunterschied, alle Vegetationszonen der Erde. Auf geringster horizontaler und vertikaler Distanz begegnen einem genau die Vegetationszonen, welche man bei einer Reise vom Äquator zu den Polen antreffen würde.

Die Vegetationshöhenstufenfolge reicht vom Monsun- und Regenwald der Tarai bis zur Mattenregion und der nackten Fels- und Eisregion der obersten Höhenstufe (s. Abb. 17, S. 84 - 85). Während eines einzigen Trekkingtages kann man, wie beispielsweise im Kali Gandaki-Tal, von den üppigen Monsunwäldern bis zur Dornstrauchsteppe Tibets gelangen.

Die Himalaya-Südseite des zentralen Himalayas gliedert sich in eine bis in ca. 1000 m Höhe reichende Colline-Stufe. Darüber folgt bis in ca. 2.000 m Höhe die untere Montane-Stufe, der eine obere Montane-Stufe oder Nebelwaldstufe folgt. Die Nebelwaldstufe liegt zwischen 2.000 und 4.000 m Höhe und wird unterteilt in eine untere Nebelwaldstufe (bis 2.500 m), eine mittlere Nebelwaldstufe (2.500 - 3.000 m) und eine obere Nebelwaldstufe (3.000 - 3.800/4.200 m). Über der Nebelwaldstufe, oberhalb der Baumgrenze, liegt die alpine Stufe, die bis 4.800/5.500 m Höhe reicht. Darüber folgt die nivale Höhenstufe, deren Ausdehnung sich nur auf wenige Felsgrate und Schutthalden zwischen den tief herabreichenden Gletschern beschränkt.

Colline-Stufe
(bis 1.000 m)

Diese Vegetationsstufe wird von der Tarai bis zu den Siwalik-Ketten von einem immergrünen, tropischen Dschungel-Fallaubwald eingenommen, der größtenteils aus Riesenbambus, Feige, Ahorn, Esche, Mahonie, Salbaum, Banyanbaum und Elefantengras zusammengesetzt ist.

Untere Montane-Stufe
(1.000 - 2.000 m)

Diese Höhenstufe liegt unter dem monsunalen Kondensationsniveau und wird von einem subtropischen immergrünen, lichten Bergwald (Regenwald) mit dichtem Unterwuchs eingenommen. Es treten Baumfarne, Lianen, Epiphyten, Orchideen, Moose, Zimtbaum und Riesenbambus auf. An der oberen Grenze gesellen sich Tränenkiefern und Eichen hinzu.

Obere Montane-Stufe / Nebelwaldstufe (2.000 - 3.800/4.200 m)

Die bis ca. 2.500 m Höhe reichende untere Nebelwaldstufe wird von einem gemäßigt immergrünen Gebirgsbergwald eingenommen. Typische Vertreter dieses Waldes sind Baumrhododendren, Magnolien, Balsaminen und die Himalaya-Kiefer. Die Kiefer ist die am weitesten verbreitete Konifere des Himalayas, von Afghanistan bis Yünnan.

Im Gegensatz zu den sonnseitigen Wäldern, die sehr stark durch den Menschen beeinflußt worden sind, werden viele Schatthänge, vor allem steile und grobblockreiche, von einem naturnahen, artenreichen, vielstöckigen immergrünen Laubwald eingenommen. Typisch sind hartlaubige Eichen.

Erlen treten in dieser Vegetationshöhenstufe ebenfalls auf. Die Erle ist vom West-Himalaya bis nach China verbreitet. Ihr Auftreten läßt eine deutliche Substratabhängigkeit erkennen. Man findet die schnellwüchsige bis zu 30 m hohe Erle auf Glimmerschieferfließungen, wasserdurchrieselten Murkegeln und auf Lockermaterialrutschungen. Sie dient zur Stabilisierung rutschungsgefährdeter Hänge und wird daher mancherorts trotz Brennholzknappheit gehegt. Bei nicht nachlassender Wasserzufuhr kann die Erle jedoch einmal in Gang gekommene Erdgletscher auch nicht mehr binden.

Charakteristisch für die obere Nebelwaldstufe sind Birken-Rhododendron-Wälder und Tannenwälder. Die obere aus Tannen bestehende Baumschicht fehlt jedoch meist, da die Tannen zur Schindelholzgewinnung geschlagen werden. In Leelagen einiger Hochtäler des zentralen und östlichen Himalayas sind auf rutschungsanfälligen Hängen Lärchen verbreitet. Durch Schollenrutschungen oder Unterschneidung von Bächen wird moräniges Material ständig neu freigelegt und von Lärchen besiedelt. Eine Wiederbesiedlung bis zum Tannen- oder Birkenwald wird durch erneutes Abgleiten verhindert.

Bambus (Arundinaria-Arten) ist häufig in schwer gangbaren Flanken anzutreffen. Nur unter erheblichem Risiko kann er dort zur Herstellung der überall im Himalaya verwendeten Matten geschlagen werden.

Den Übergang von der Nebelwaldstufe (Montane-Stufe) zur alpinen Stufe bildet ein Krummholzwald aus Rhododendron. Vorausgesetzt, es findet kein Roden, Brennen oder Beweiden statt.

Typische Erscheinungsformen der Nebelwaldstufe

In der mittleren Nebelwaldstufe wachsen die größten Bäume der Montanen-Stufe. Eine ganz typische Erscheinung ist der **Bartmoosbehang**, der den Kroneninnenraum oder die Stämme der Bäume bedeckt. Auch der **Lebermoosbesatz** auf den Zweigen und Ästen der Bäume ist typisch für diesen Bereich mit häufig auftretendem Bergnebel und ganzjährig hoher Feuchtigkeit.

Auf armdicken Eichenästen haften **Farne**. In den aufrechten, dauerhaften Nischenblättern dieser Farne sammelt sich anfallender Detritus (Verwitterungsmaterial). Während der Monsunzeit saugt sich der Detritus mit Wasser voll, wodurch das Gewicht der Farne beträchtlich zunimmt. Bei langanhaltender Durchfeuchtung kommt noch hinzu, daß Pilzbefall gefördert wird, der ebenfalls zur Gewichtszunahme beiträgt und die Äste stark belastet. Astbruch ist häufig die Folge.

Bei den Lebermoosen findet ein ähnlicher Prozess statt. Sie saugen sich während der Monsunzeit schwammartig voll, wodurch sich ihr Gewicht ebenfalls erhöht und die Äste belastet werden. Die meisten Bäume und größeren Sträucher haben aber die Fähigkeit entwickelt, ihre Rinde zu schälen, um dem Astbruch entgegenwirken zu können.

Der **Säbelwuchs** ist eine häufig durch Schneedruck hervorgerufene Erscheinungsform der oberen Nebelwaldstufe. Der untere Stammbereich der Bäume wird durch den hangabwärts gerichteten Schneeduck zu einer säbelförmigen Wuchsform gezwungen.

Alpine-Stufe
(3.800/4.200 - 4.800/5.500 m)

Die alpine Stufe ist die Mattenstufe mit geschlossenem alpinen Rasen, die sich aus Fingerkraut, Eisenhut, Edelweiß, Primel, Enzian usw. zusammensetzt. Die Ausdehnung alpiner Matten ist abhängig vom Alter des Gletscherrückgangs.

Auf der Mt. Everest-Südseite liegen in 5.500 m Höhe auf gletscherumflossenen Felsburgen und Moränenzwikkeln die höchsten Vorkommen eines geschlossenen alpinen Rasens.

Krummholz, bestehend aus Wacholder und alpenrosenähnlichen Rhododendren, tritt in der unteren Mattenstufe inselartig auf, in der oberen Mattenstufe hingegen nicht mehr. Zwergbirken und Zwergweiden sowie Blütenpflanzen in Rosetten- und Polsterwuchsform sind hier typische Erscheinungen.

Entlang von Wildbächen und Quellen treten Galeriesträucher und Quellrasenfluren in Form von bis zu 30 cm hohen Bülten auf.

Föhnwirkung

Unter dem Einfluß des Föhns entstehen Deflationspflasterfluren, die ebenfalls auch aus den Anden und den Kältesteppen im Vorland nordischer Inlandeise bekannt sind. Radialkugelpolster, kleine Horstgräser und Tellerpolster gehören z.B. dazu.

Im Himalaya sind Deflationspflaster zwischen 4.000 und 5.100 m Höhe verbreitet. In windausgesetzten Rasenkliffs bilden sich Hohlkugelpolster aus. Dort, wo der ca.10 cm mächtige Rohhumus weniger stark durchwurzelt ist, wird er vom Wind unterhöhlt, und es entstehen max. 20 cm hohe Hohlkugelpolster. Mit zunehmender Meereshöhe werden Radialvollkugelpolster häufiger.

In 5.000 m Höhe nehmen hochalpine Polster- und Rosettenpflanzen zu. Der Polsterwuchs, das Anschmiegen der Pflanzen an den Boden sowie überhaupt gedrungener Wuchs ist ein Schutz gegen den Wind, die hohe Einstrahlung und Verdunstung.

Frostwirkung

Zwischen 5.000 m und 5.600 m Höhe wird die Frostschuttbewegung gegenüber der Windwirkung zum dominanten Standortfaktor für Pflanzen. Alle Pflanzen passen sich der Substratbewegung an. Lockere Rasen- und Rosettenpolster sind an den instabilen Untergrund angepaßt. Sonnseitige Felsspalten sind die günstigsten

Abb. 17 Vegetationshöhenstufen

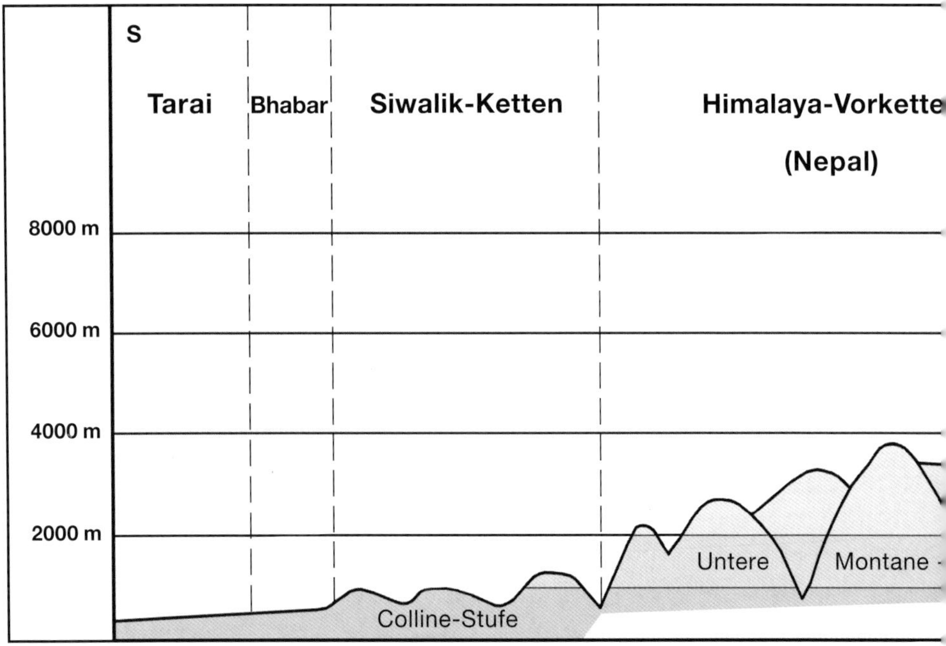

Standorte für die dort dicht gedrängten Polsterpflanzen. Sie wurzeln dort im eigenen Rohhumus und sind der Substratbewegung wenig ausgesetzt.

Die Kammeissolifluktion (oberhalb v. 5.000 m Höhe) mit ihren Frostaufbrüchen trägt dazu bei, daß der Wind an diesen Aufbrüchen angreift und von dort ausgehend den Rasen zerstört.

Die Gletschervorfelder sind meist pflanzenfrei, da episodisch auftretende Gletscherseeausbrüche (s. S. 115) Pionierpflanzengesellschaften zerstören.

Nivale-Stufe

In der auf nur wenige Felsgrate und Schutthalden zwischen den tief herabreichenden Gletschern beschränkten Höhenstufe herrscht ein arktisches Klima. Felsritzengesellschaften und Flechten sind typische Vertreter dieser Höhenstufe.

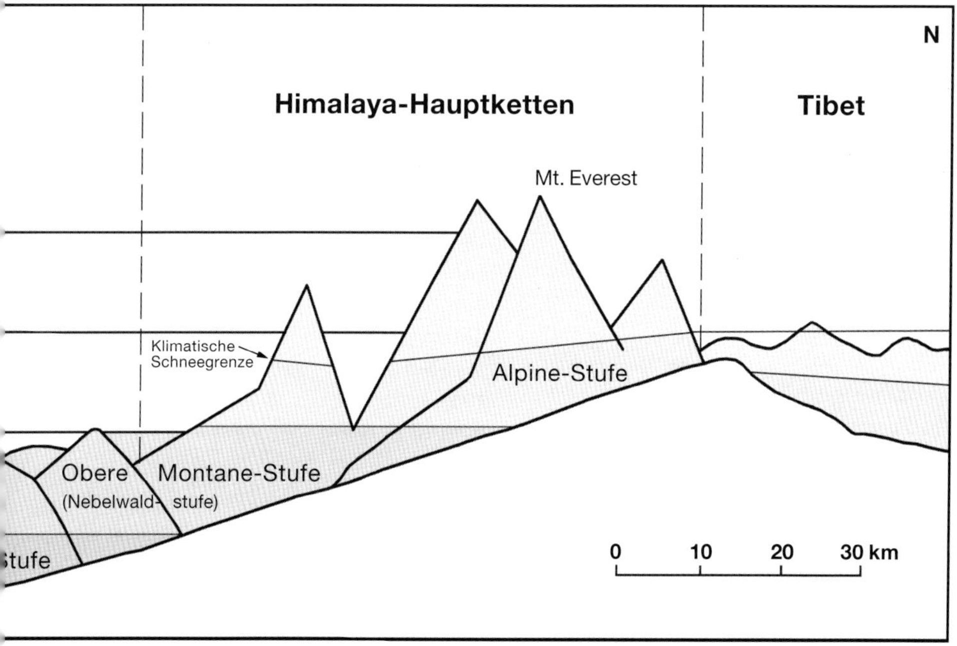

Eiszeiten, pleistozäne Vergletscherung und Zukunftsprognosen

Wie entstehen Eiszeiten ?

Eiszeiten im Erdzeitalter

Während des gesamten Erdzeitalters, das ca. 4,6 Milliarden Jahre beträgt, hat es im wesentlichen drei große Eiszeiten (Eiszeitalter) gegeben. Nach den Vereisungen im **Jungpräkambrium** und **Jungpaläozoikum** trat im Anschluß an das Tertiär, wo Gebirge wie der Himalaya und die Alpen entstanden sind, im **Quartär** (im Pleistozän) vor rund 2,5 Millionen Jahren die dritte große Eiszeit auf (s. Zeittafel, Tab. 3, S. 91).

Aus dem Blickwinkel der Tektonik und dem Magmatismus ist das Tertiär mit dem Jungpaläozoikum vergleichbar. Aber auch im Jungpräkambrium kam es schon zu vertikalen Krustenbewegungen und zur Bildung von Gebirgszonen (Orogenzonen).

Eiszeittheorien

Die Ursachen der Vereisungen sind außerordentlich komplex und in ihrer Wechselwirkung noch kaum überschaubar. Auffallend ist, daß die großen Eiszeitalter etwa 270 Millionen Jahre auseinanderliegen und meistens im Anschluß an nennenswerte Gebirgsbildungsphasen mit enormen vertikalen Reliefänderungen auftreten. Es gibt verschiedene Eiszeittheorien, auf die im einzelnen aber nicht alle eingegangen werden soll.

Kosmische und terrestrische Ursachen werden zur Erklärung der Eiszeiten herangeführt. Die Theorie von Milankovitch beruht auf Veränderungen der Erdbahnelemente und damit auf Änderungen der Sonneneinstrahlung. Eine andere Theorie (n.Steiner) besagt, daß die Eiszeiten zusammenhängen mit der Rotation des Milchstraßen-Systems. Auch rhythmische Ausdehnungen des antarktischen Eisschelfs sollen nach Auffassung Wilsons u. Hollins zu einer Temperaturabsenkung der Erde führen, so daß eine Vereisung der Nordhalbkugel einsetzen kann.

Seit dem Tertiär spielen vermutlich auch globale Reliefänderungen eine Rolle, die zu Verschiebungen des Meeresspiegels im Vergleich zu den Festländern geführt haben. Gleichzeitig hat es Änderungen im ozeanischen Zirkulationssystem gegeben. Derartige Prozesse könnten das atmosphärische Zirkulationssystem beeinflußt haben, es umgestellt haben, so daß im atlantischen Raum zeitweise Nord-Süd- oder West-Ost-Bewegungen der Luftmassen begünstigt worden sind.

Das Hochland von Tibet als Eiszeitauslöser

Gerade die seit dem Tertiär für die Entstehung von Eiszeiten eine Rolle spielende globale Reliefänderung (Gebirgsbildungen) findet in der **reliefspezifischen Eiszeittheorie** von dem Göttinger Geowissenschaftler M. Kuhle große Bedeutung. Seine Theorie besagt, daß gerade das Hochland von Tibet eine Auslöserrolle bei der Entstehung von Eiszeiten spielt. Er begründet seine These damit, daß es zyklische Temperaturabsenkungen durch veränderte Erdbahnelemente auch während eiszeitfreier Erdzeitalter gegeben hat. Die Veränderung der Erdbahnelemente kann also nicht der Auslöser der Eiszeiten gewesen sein, sondern wirkte nur als ein anregender Faktor.

Der eigentliche Auslöser war die Hebung eines Krustenblocks. Die tertiären Krustenbewegungen führten zur Heraushebung eines subtropischen Hochplateaus (Tibet-Plateau) bis in Schneegrenzhöhe. Oberhalb der Schneegrenze bilden sich Schnee- und Eisflächen.

Inlandeisaufbau

Der Bereich der Subtropen ist gekennzeichnet durch permanenten Hochdruck mit ganz geringen oder fehlenden Niederschlägen und absteigenden austrocknenden Luftmassen. Ein Inlandeisaufbau wäre unter diesen Klimabedingungen unmöglich gewesen.

Die Bildung und Erhaltung des tibetischen Inlandeises läßt sich mit einem Klimamodell nach W. Meinardus erklären. Danach kühlt eine Eisfläche die unteren Luftschichten ab, so daß ein flaches Kältehoch entsteht. Darüber aber bildet sich ein Tief, das im Falle Tibets durch Feuchtigkeit vom Arabischen Meer, dem Golf von Bengalen und dem chinesischen Meer gespeist wird. Die Luftmassen bewegen sich immer vom Hoch zum Tief, daher werden die feuchten Luftmassen vom Hoch der oberen Luftschichten über den Meeren zum Tief über Tibet transportiert.

Betrachtet man das Ein- und Rückstrahlungsverhalten des subtropischen Sonnenlichtes über Eis- und Schuttflächen, so läßt sich die Verstärkung der ursprünglich erdbahnbedingten Abkühlung erklären. Das intensive Sonnenlicht wirkt über eisfreien Schuttflächen stark absorbierend, die Energie wird aufgenommen und ge-

Abb. 18 Tibetvereisung

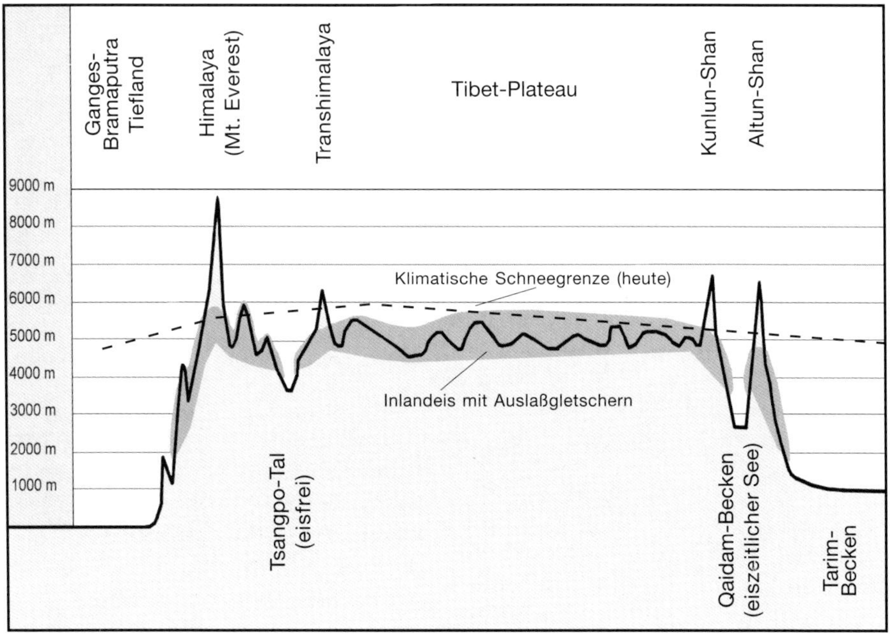

speichert. Über einer weißen Eisfläche hingegen wird das Licht sehr stark reflektiert. Bis zu 70% der eintreffenden Strahlung wird von der Eisfläche zurückgeworfen und steht nicht als Wärmegewinn zur Verfügung. Es erfolgt eine starke Abkühlung. Die Umwandlung einer 2,4 Millionen km^2 großen Schuttfläche in eine Eisfläche bewirkte eine weitere globale Abkühlung von 3,5 Grad auf mindestens 5 Grad.

Nun gelangen auch die Gletscher der Kettengebirge nördlicher Breiten (Skandinavien z.B.) in die Vor- und Tieflandbereiche und breiten sich dort flächenhaft aus, wodurch über dieser vergrößerten Eisfläche verstärkte Reflektion erfolgt und die Temperaturen weiter sinken (Temperaturrückgang auf ca. 8 - 10° C).

In dieser Phase fließen die Auslaßgletscher steil über die tibetischen Plateauränder hinab, ohne jedoch die sehr warmen Tiefländer zu erreichen.

Im Hochglazial der Würm-Kaltzeit (vor ca. 25.000 - 20.000 Jahren) übertreffen die Inlandeismassen der höheren nördlichen Breiten die Gletscherflächen der Subtropen um etwa das 8,4-fache. Die Kühlwirkung erreicht mehr als das Doppelte derjenigen niedriger Breiten (Subtropen), jedoch wäre ohne den Anstoß durch das subtropische Hochlandeis keine bedeutende globale Vereisung eingetreten.

Ende einer Eiszeit

Das Ende einer Eiszeit erfolgt durch eine extraterrestrische Erwärmung um wenige Grad, die zur Anhebung der Schneegrenze um wenige hundert Meter führt. Die Schneegrenzanhebung bewirkt gerade in den Flachlandeisgebieten der höheren Breiten einen enormen Flächenverlust. In den Subtropen hingegen werden lediglich die herabfließenden Auslaßgletscherzungen verkürzt, wobei die Fläche des subtropischen Hochlandeises auf dem Plateau kaum reduziert wird. Die Reduktion des nördlichen Flachlandeises bewirkt eine Kettenreaktion globaler Wiedererwärmung, wodurch zuletzt auch das Hochlandeis abgebaut wird.

Dieses konnte aber nur abgebaut werden, weil die fortwährende tektonische Hebung Tibets durch die Eisauflast, die eine isostatische Absenkung der Erdkruste bewirkte, eingedämmt werden konnte. Wäre dies nicht so gewesen, dann hätte das gesamte Gebiet die angehobene Schneegrenze wieder erreicht und ein Abbau wäre nicht möglich gewesen.

Ohne Krustenabsenkung und fortgesetzter Hebung entstünde ein stabiles warmzeitliches Inlandeis, welches durch die Erwärmung der Tieflandeisreduktion nicht mehr abgebaut werden könnte.

Die letzte Eiszeit und ihre Auswirkungen

Die dritte große Eiszeit begann mit dem Quartär vor ca. 2,5 Millionen Jahren. Sie endete vor rund 10.000 Jahren mit Beginn der Nacheiszeit, dem Holozän. Das Quartär ist die jüngste, noch nicht abgeschlossene Epoche der Erdgeschichte. Sie wird nach klimatischen Gesichtspunkten in das Pleistozän (Eiszeit) und das Holozän (Nacheiszeit) gegliedert. Das Pleistozän setzt sich zusammen aus Kaltzeiten und zwischengeschalteten Warmzeiten. Bisher konnten mindestens sechs große Kaltzeiten nachgewiesen werden (s. Tab. 3, S. 91).

Meeresspiegelschwankungen, Senkungen der Erdkruste

Während der Kaltzeiten kommt es zur Bildung und Ausdehnung von Gletschergebieten und Meeresspiegelabsenkungen, da erhebliche Wassermengen im Eis gebunden waren. Unter der Auflast der Eiskalotten werden lokale Senkungen der Erdkruste hervorgerufen. In den Warmzeiten kommt es zu einer wesentlichen Erwärmung und zu einem Rückgang des Gletschereises. Es erfolgt ein eustatischer Meeresspiegelanstieg, da das im Eis gebundene Wasser wieder frei wird.

Die kaltzeitliche Meeresspiegelabsenkung und der warmzeitliche Meeresspiegelanstieg wird als **eustatische Meeresspiegelschwankung** bezeichnet. Nach Abschmelzen der Eislast erfolgt die Heraushebung der während der Kaltzeit abgesenkten Erdkruste. Die durch Eisbelastung verursachte Senkung von Erdkrustenbereichen sowie deren Heraushebung wird als **Glazialisostasie** bezeichnet.

Flußterrassen

An die eisbedeckten Gebiete schließen sich eisfreie Räume an, die sogenannten Periglazialgebiete. Diese Gebiete zeichnen sich durch das Vorherrschen des Frostes und seine geomorphologischen Erscheinungsformen aus.

Die Flüsse der eisfreien Gebiete werden begleitet von Flußterrassen. Sie spiegeln den Wechsel von Kaltzeiten und Warmzeiten bzw. von Gletschervorstoßphasen und -rückzugsphasen (s. Foto 21, S. 106) wider. Während der Kaltzeiten (Gletschervorstoßphasen) kommt es infolge verringerter Wasserführung in den Flußmittelläufen zu Aufschotterungen. In den Flußunterläufen findet aufgrund des abgesenkten Meeresspiegels Einschneidung statt.

Während der Warmzeiten erfolgt durch eine stärkere Wasserführung in den Mittellaufgebieten ein Einschneiden der Flüsse. Infolge des warmzeitlichen Meeresspiegelanstiegs kommt es in den Flußmündungsgebieten zur Sedimentation. Die Schotterkörper in den Mittellaufgebieten stammen also jeweils aus den Kaltzeiten. Die Umbildung zu Terrassen erfolgte in den Warmzeiten. In den Unterlaufgebieten verläuft die Terrassenbildung umgekehrt.

Ausmaß der pleistozänen Vergletscherung

Das Hochland von Tibet war vermutlich während der letzten Kaltzeit vor rund 20.000 (25.000) Jahren von einer geschlossenen Inlandeisdecke überzogen. Rundhöckerfluren (durch Gletschereis abgerundete Felsblöcke) und Erratiker (ortsfremde Felsblöcke, die durch Gletschereis sehr weit transportiert worden sind) in allen Teilen Tibets beweisen eine mächtige Inlandeisdecke. Durch das Inlandeis ausgeschürfte Seenbecken wie der Nam Tso (s. Foto 17, S. 95) in Zentraltibet sind ebenfalls ein Beweis dafür.

Die durchschnittliche Eismächtigkeit soll 1.000 bis 1.200 m (im Zentrum sogar rund 2.700 m) betragen haben. Zu den Plateaurändern hin ragten einige hohe Bergspitzen der Randgebirge aus der Inlandeisdekke heraus. Diese Bergspitzen werden auch als **Nunatak** bezeichnet (s. Abb. 18, S. 88).

Es gab eisfreie Bereiche wie das Tsangpo-Tal und das Qaidam-Becken. Auslaßgletscher flossen vom tibetischen Hochplateau durch die Randgebirge wie dem Himalayagebirgssystem.

Tabelle 3 Gliederung des Pleistozäns

Alpengliederung (übertragbar auf den Himalaya)

Jahre in Tausend	**Kaltzeit** (Eiszeit) / **Warmzeit** (Interglazial)	
2	(heute)	**HOLOZÄN**
0	(Chr. geb.)	
8		
	Würm-Eiszeit	**VOLL-PLEISTOZÄN**
72		
	Riß-Würm-Interglazial	
125		
	Riß-Eiszeit	
280		
	Mindel-Riß-Interglazial	
350		
	Mindel-Eiszeit	
500		
	Günz-Mindel-Interglazial	
750		
	Günz-Eiszeit	
900		
	Donau-Günz-Warmzeit	**FRÜH-PLEISTOZÄN** (ohne große Inlandvereisung)
1400		
	Donau-Kaltzeit	
1600		
	Biber-Donau-Warmzeit	
	Biber-Kaltzeit	
2500		
	Reuver B, C	**PLIOZÄN (Tertiär)**

(Zeitangaben in der Diskussion)

Eiszeitliche Gletscherströme

Der Dudh Kosi-Gletscher glättete die Schlucht zwischen Nangbug- und Surke-Drangka-Mündung und floß bis auf 1.800 m hinab. Seine Teilströme überflossen den Nangpa La (Paß 5.700 m) und Lho La (Paß 6.010 m) von der Nord- in die Himalaya-Südseite, was Schliffkehlen beweisen.

Die Gletscher des Nanga Parbat und der Karakorum-Südseite flossen eiszeitlich zu einem 120 bis 180.000 km^2 großen Indus-Eisstromnetz zusammen. Seine tiefste Zunge erreichte die Nebenflüsse Daret und Tangir oberhalb des Indusknies in 980 m Höhe.

Die Auslaßgletscher der Mount Everest-Südabdachung reichten sehr tief hinab. Im Anschluß an die Einzugsbereiche des Hohen-Himalayas, der Dhaulagiri- und Annapurna-Gruppe bestanden hocheiszeitlich Gletschersysteme von über 50 km Länge. Ihre vertikale Ausdehnung überspannte annährend 7.100 Höhenmeter.

Die Gletscher der Dhaulagiri- und Annapurna-Gruppe sowie die östlicheren Gebiete der Mt. Everest- und Kangchendzönga-Gruppe reichten im Hochglazial der letzten Eiszeit hinab in die Stufe der feucht-temperierten Wälder, die eiszeitlich in den Himalaya-Vorketten zwischen 200 und 2.000 m Höhe bestanden hat. Im Gegensatz dazu reichen die Gletscher heute auf der Himalaya-Südabdachung nur wenig tiefer als die Obergrenze geschlossener Matten reicht, bis zu einer Höhe von 4.800 bis 5.000 m. Im Inneren, im Hohen-Himalaya, erreichen sie jedoch die Waldstufe in rund 4.000 m Höhe.

Foto 14, S. 93 oben — Aufgenommen wurde das Foto aus einer Höhe von ca. 4.700 m des viele Kilometer breiten Hauptarmes des oberen Baltoro-Gletschers. Im Hintergrund befindet sich der K2 (Aufnahme Richtung Norden gesehen). In der Mitte des Bildes liegt der Konfluenzbereich der zahlreichen Nebengletscher. In den Oberflächen der Gletscher wechseln Schuttflächen und Blankeispartien miteinander ab. Das Karakorum-Eisstromnetz mit Eismächtigkeiten von über 1000 m ist ein Erbe aus der Eiszeit.

Foto 15, S. 93 unten — Die Aufnahme zeigt ein in der Rakaposhi-Gruppe im Karakorum (Hunzagebiet) nach Westen abfließenden Gletscher (orographisch rechts vom Kunti-Gletscher), der 1992 stark vorgestoßen war. Die Zungenstirn ist aufgrund des Vorstoßens steil und bricht nach. Im Hintergrund ist der Gipfel des 7.788 m hohen Rakaposhi zu sehen.

Foto 16, S. 94 — Das Foto wurde aus ca. 3.650 m Höhe, von der Ladakh-Range aus mit Blick auf den Zanskar-Himalaya aufgenommen. Zu sehen ist die im Industal, in einem ehemaligen Gletscherzungenbecken gelegene Siedlung Leh. Auf der Grundmoräne im Gletscherzungenbecken läßt sich sehr gut Ackerbau und Bewässerungswirtschaft betreiben.

Schneegrenzverlauf

Eiszeitlich reichten die Gletscher sehr weit unter die damalige Schneegrenze hinab, bis zu 3.000 m darunter. Zum Verlauf der hocheiszeitlichen Schneegrenze gibt es verschiedene Berechnungsverfahren und Ergebnisse, auf die einzugehen, allerdings zu weit führen würde. Großräumig zusammengefaßt lag die hocheiszeitliche Schneegrenze der letzten Kaltzeit (Würm-Kaltzeit) in rund 4.030 m Höhe, was einer Schneegrenzdepression von ca. 1.460 m entspricht. Dabei handelt es sich allerdings nur um einen groben Richtwert. Berücksichtigt werden muß dabei, daß die Schneegrenze von der Himalaya-Südseite zum Hochland von Tibet ansteigt und daß beispielsweise das Klima sowie Expositionsunterschiede (Luv-/Leelage z.B.) Einfluß auf die Höhenlage der Schneegrenze nehmen.

Berechnungen haben ergeben, daß die Schneegrenzdepression der letzten Kaltzeit auf der Himalaya-Südseite im Osten etwa 1.100 m und mehr und im trockeneren Westen nur etwa 800 bis 900 m betragen hat. Geländeuntersuchungen konnten dies Ergebnis allerdings nicht bestätigen. Zwischen Nanga Parbat und Kashmir-Becken konnte eine Schneegrenzdepression von nur rund 500 bis 600 m ermittelt werden.

Im Osten, in Nepal und Sikkim, am Südrand des Hohen-Himalayas beträgt die Schneegrenzdepression rund 700 bis 800 m.

Die Ursache für eine deutlich geringere Schneegrenzdepression als erwartet ist wohl eine tektonische Hebung des Gebirges um diesen Differenzbetrag von rund 300 bis 400 m seit 28 bis 16.000 Jahren (Hochglazial).

Foto 17, S. 95 Die Aufnahme wurde gemacht aus 5.500 m Höhe, vom Nyainqentanglha in Richtung Nordwesten gesehen. Sie zeigt den in Zentraltibet liegenden Tengri Nor oder Nam Tso, eines der größten hocheiszeitlichen glazialen Seenbecken im Bereich des ehemaligen Inlandeises. Er ist viermal so groß wie der Bodensee (ca. 80 km lang und an der breitesten Stelle 40 km breit). Der Seespiegel liegt in 4.750 m Höhe.

Foto 18, S. 96 Aufgenommen wurde das Foto Ende Oktober, daher die Neuschneeauflage, von einem Pass (Tschüsü La) aus 4.800 m Höhe nach Süden gesehen. Es zeigt den östlich des Lankazi-Massivs gelegenen, an eine tektonische Leitlinie angelegten Yamdrok-See. Der See ist glazialerosiv entstanden und wurde im Spät- bis Postglazial nach Rückzug und Abschmelzen des Eises mit Wasser gefüllt. Diese Landschaft wird heute durch Unterschneidung vom See überprägt (s. Steilstufen des Sees).

Kritik an Tibetvereisung

Eine umfassende eiszeitliche Plateauvergletscherung Tibets wird selbstverständlich kontrovers diskutiert. Andere Forschergruppen kommen aufgrund von Feldarbeiten zu dem Ergebnis, daß während der Würm-Kaltzeit nur eine Lokalvergletscherung von Gebirgen stattfand.

Befunde über tiefreichende Vergletscherungen werden kritisiert und oftmals für nicht eindeutig angesehen, da viele Moränen, die als Indikatoren für Eisränder dienen, auch als Ablagerungen von schnellen Massen, Schlammströmen angesprochen werden können. Moränenmaterial kann aus höheren Gebirgsregionen durch die Schlammströme in tiefere Bereiche transportiert worden sein.

Es ist in der Regel sehr schwer Spuren einer weit zurückliegenden Vergletscherung zu finden, da die durch das Gletschereis geschaffenen Formen sehr schnell durch jüngere Formungsprozesse überprägt, verwischt oder gar völlig zerstört werden.

Eisrückzug und Glazialisostasie

Vor rund 12.000 Jahren begann das Eis abzuschmelzen. Die Gletscher zogen sich in die Rand- und Hochgebirgsregionen zurück. Die eisfrei gewordenen Bereiche treten dem Betrachter heute, aus der Flugzeugperspektive gesehen, als gerundete Gebirgsbereiche in Erscheinung. Diese gerundeten Bereiche werden von höheren spitzen Berggipfeln überragt, die eisfrei sind und es auch schon während der letzten Kaltzeit waren. Es handelt sich dabei um die als Nunataker aus der Inlandeismasse herausragenden Berggipfel.

Unter der würmkaltzeitlichen Eisauflast muß das gesamte Plateau um rund 400 bis 675 m isostatisch abgesenkt worden sein. Nach Abschmelzen des Eises begann es sich langsam wieder zu heben. Nach Erfahrungen in Skandinavien und Nordamerika könnte die Anhebung noch andauern und Werte von etwas mehr als einem Zentimeter pro Jahr erreichen.

Gemäß der Plattentektonik dürfte sich der Hohe-Himalaya jährlich um lediglich ein bis zwei Zentimeter heben. Der **Mount Everest** schießt jedoch mit der erstaunlichen Geschwindigkeit von 17,5 Zentimetern neuen Höhenrekorden entgegen.

Solche Hebungsraten lassen sich nur glazialisostatisch erklären. Das gegenwärtige Höhenwachstum wird

Tabelle 4 Klimaschwankungen in historischer Zeit

ab 1900 n. Chr.
"Modernes Optimum":
jüngste Warm-Epoche um die Mitte des 20. Jahrhunderts, relativ trocken.

1600 - 1850 n. Chr.
"Kleine Eiszeit" (Littel-Ice-Age):
Kalte-Epoche, Jahresmitteltemperaturen in Europa ca. 1° C tiefer als heute, insbesondere strenge Winter, jedoch auch ausgeprägte Schwankungen; gegen Ende sehr trocken; verbreitete Gletschervorstöße.

ab 1300 n. Chr.
"Klimawende":
Übergang von der vorausgehenden Warm-Epoche zur „Kleinen Eiszeit", markante Abkühlung, niederschlagsreich und Sturmhäufungen.

900 - 1300 n. Chr.
"Mittelalterliches Optimum":
Warm-Epoche, Jahresmitteltemperaturen in Europa ca. 1 - 1 ,5° C höher als heute, Weinanbau bis Nordwesteuropa, zunächst niederschlagsarm, später niederschlagsreich. Wärmer als das „Moderne Optimum".

300 - 700 n. Chr.
"Pessimum der Völkerwanderungszeit":
Kühle und niederschlagsreiche Epoche, ca. 450 - 700 verbreitete Gletschervorstöße (in Europa) 200 v. Chr. - 350 n. Chr. "Optimum der Römerzeit": Ähnlich warm oder noch wärmer als das mittelalterliche Optimum, einige Alpenübergänge auch im Winter frei; meist sehr niederschlagsreich.

ganz Tibet in 20.000 bis 40.000 Jahren über die Schneegrenze heben, und der Zyklus von Vereisung und Absenkung der Erdkruste wird von vorn beginnen.

Es stellt sich einem nun die Frage, befinden wir uns tatsächlich in einer Nacheiszeit (dem Holozän) oder eher in einer pleistozänen Warmzeit, der in 20.000 bis 40.000 Jahren die nächste Kaltzeit folgen wird?

Nähern wir uns einer neuen Eiszeit ?

Derzeit wird in der wissenschaftlichen Forschung die klimatische Entwicklung der Erde sehr kontrovers diskutiert. Einige Wissenschaftler sind der Auffassung, daß wir uns in einer Warmzeit mit der Tendenz einer aktuellen Abkühlung befinden. Andere Wissenschaftler vertreten die gegenläufige Auffassung einer zunehmenden Erwärmung der Erde (Treibhauseffekt), die mit katastrophalen Folgeerscheinungen verbunden sein wird (Pole schmelzen ab, Überschwemmungen, Stürme usw.).

Hierzu sei bemerkt, daß sich die Vertreter der Erwärmungstheorie auf Klimadaten (Temperaturwerte) beziehen, die, gemessen am gesamten Erdzeitalter, in einem relativ kurzen Zeitabschnitt gewonnen wurden. Aufgrund von verbesserten Meßtechniken und -verfahren werden erst seit diesem Jahrhundert regelmäßig aussagekräftige Klimadaten gesammelt, aus denen eine klimatische Entwicklung mit einer Erwärmungstendenz abzulesen ist.

Die Ausdehnung einiger Wüsten (Kalahari, Namib, Sahara) deutet auf eine zunehmende Trockenheit hin und wird dadurch auch in Zusammenhang mit einer zunehmenden Erwärmung der Erde gebracht. Als mögliche Ursache könnte aber auch eine zunehmende Abkühlung in Frage kommen.

Während der Eiszeiten waren Trokkengebiete auf der Erde weiter als heute verbreitet. Eine kältere Atmosphäre nimmt weniger Wasserdampf auf, bringt global gesehen zwangsläufig auch weniger Niederschlag.

Eiszeitforschung

Der Eiszeitforschung ist es zu verdanken, daß in den letzten Jahrzehnten bedeutende Erkenntnisse erzielt worden sind, die auf eine Abkühlung der Erde hindeuten. Selbstverständlich können nicht alle Ergebnisse und Beobachtungen aufgeführt werden.

Eine bedeutende Beweisführung für eine Abkühlung beruht auf der Tatsache, daß jede Klimaänderung auf der Erde Gesetzmäßigkeiten unterliegt, die aus der tellurischen Ausstattung der Erdoberfläche herrühren. Jede Abkühlung und jede Erwärmung auf der Erde muß sich zunächst auf den Kontinenten bemerkbar machen, da Ozeane und Inlandeisgebiete der Klimaänderung mit einer Verzögerung folgen (Ozeane noch deutlicher als Inlandeisgebiete). Große Wassermassen wirken auf das Klima der benachbarten Landgebiete ausgleichend.

Das kontinentale Klima zeigt im Gegensatz zum maritimen Klima eine stärkere jährliche und tägliche Schwankung der Temperatur. Der Grund hierfür liegt in einer schnelleren Erwärmung und Abkühlung der Festländer gegenüber der Wassermassen (Wasser fungiert als Wärmespeicher).

Je kontinentaler ein Kontinent ist (z.B. Zentralasien), d.h. je weniger er dem bremsenden Einfluß von Inlandeismassen und Ozeanen unterliegt, desto deutlicher und mit geringerer Zeitverzögerung spiegelt er die Klimaänderung und den Klimaumschwung wider. Für die Analyse der Klimaentwicklung der Erde eignen sich die kontinentalen Gebiete am besten, da hier die Phänomene den Klimaumschlägen am wenigsten nachhinken.

Anzeiger für Klimaänderungen

Das Phänomen der Pingoneubildungen, das Aufwachsen von Eislinsen im gefrorenen Boden, und das Herunterdrücken der Solifluktionsgrenzen auf dem tibetischen Hochplateau ist daher besonders aussagekräftig für aktuelle Klimaänderungen.

Viele der kleineren Gletscher Tibets und des Himalayas (s. Foto 15, S. 93) zeigen mit ihren prallen, konvex gewölbten Zungen einen aktuellen Gletschervorstoß an, was ebenfalls auf eine Abkühlung hindeutet.

In ozeanisch beeinflußten Gebieten hingegen, wie z.B. den Alpen, weichen die Gletscher zurück, was wiederum in Zusammenhang mit dem Treibhauseffekt (Erwärmung) gebracht wird.

Alpengletscher

Dabei ist die Ausdehnung der Alpengletscher während der letzten 10.000 Jahre immer großen Schwankungen unterworfen gewesen, entsprechend den Kälte- und Wärmephasen dieses Zeitabschnitts. Solche untergeordneten Klimaschwankungen, feuchte und trockene, kühle und wärmere Klimaperioden hat es während Glazial- und Interglazialzeiten immer gegeben (was Pollenanalysen beispielsweise beweisen). Während des gesamten Postglazials (Holozän) schwankten die Gletscher mehrfach in Größenordnungen vergleichbar mit neuzeitlichen Schwankungen.

Während des Mittelalters (900 - 1.300 n. Chr.) waren die Alpengletscher beispielsweise weniger weit ausgedehnt, als dies heute der Fall ist. Die Mitteltemperaturen während dieser mittelalterlichen Klimagunstphase lagen deutlich über denen von heute. In Schottland war beispielsweise Weinanbau und in Nord-Norwegen Weizenanbau möglich.

Ab dem Jahr 1330 hatte die Vergletscherung in den Alpen und in vielen anderen Teilen der Erde zugenommen. Hauptverantwortlich für diese Klimaverschlechterung scheinen kühle und besonders niederschlagsreiche Sommer gewesen zu sein. Mitte des letzten Jahrhunderts (1850) endete diese Phase. Seit 1850 schmelzen die Gletscher zurück. Gemessen an dem großen Ausmaß von 1600 und 1850, wo die Gletscher mit ihren kräftigen Vorstößen mehrfach Siedlungen und Kulturland zerstört haben (Little-Ice-Age), wirkt das heutige Ausmaß der Gletscher als beachtlich geschrumpft (s. Tab. 4, S. 99).

Kälte- und Wärmeschwankungen sind im Spätglazial und im Holozän unabhängig von menschlicher Tätigkeit abgelaufen und von daher also nicht ungewöhnlich. Auch die heutigen Mitteltemperaturen sind gemessen an denen der mittelalterlichen Klimagunstphase nicht ungewöhnlich.

Jüngste Forschungsergebnisse

Jüngste Forschungsergebnisse der Spitzbergen-Expedition (1993 - 1995) ergaben unter anderem, daß sich in den Periglazialgebieten der Auftauboden (s. ab S. 142) über dem bis zu einigen hundert Metern Tiefe gefrorenen Permafrostboden ausdehnt. Das Tiefergreifen des sommerlichen Auftaus muß aber nicht unbedingt als Erwärmungssignal gedeutet werden, sondern kann Ausdruck von Phasen mit schneearmen Wintern sein. Die Landoberflächen schmelzen und trocknen rascher ab und ändern damit die Wärmeleitfähigkeit und das Tiefergreifen des sommerlichen Auftaus. Eine mächtigere winterliche Schneedecke wirkt hingegen schützend und verringert den sommerlichen Auftau.

Untersuchungen an fossilen Böden ergeben Hinweise darauf, daß während wärmerer Phasen in den europäischen Mittelbreiten die Eisbildung in Spitzbergen zunahm. Eine wärmere Atmosphäre enthält mehr Feuchtigkeit und produziert mehr Niederschläge, was in Teilen der Polarregion zur Zunahme der Schneerücklagen führen kann, welches zur Zeit auch schon geschieht.

Schneebedeckte Areale haben einen höheren Albedo-Effekt (Energierückstrahlung), der zu einer verstärkten Abkühlung führen kann. Gleichzeitig fließt in wärmeren Klimaphasen Süßwasser von abschmelzenden Gletschern und von ferneren Festlandsbereichen in das Nordpolarmeer. Das Süßwasser breitet sich über das dichtere salzhaltige Ozeanwasser aus und beginnt aufgrund seiner physikalischen Eigenschaft schon bei wenigen Minusgraden zu gefrieren (gefriert schneller als salzhaltiges Meerwasser). Es könnte so in Intervallen zur Ausdehnung polaren Meereises (Treibeis) kommen. Eis hat eine höhere Energierückstrahlung (Albedo) als offene Wasserflächen, was wiederum zu einer vermehrten Abkühlung führen würde.

Wie sich der Treibhauseffekt auswirken wird, ob er eventuell sogar zu einer verstärkten Abkühlung führen wird, bleibt abzuwarten.

Flüsse und Seen des Himalayas

Tal- und Flußsystem

Flußmäander

Die Flußläufe sind gekennzeichnet durch zahlreiche Flußwindungen und -schlingen, den sogenannten Flußmäanderbögen. Pendelschwingungen des Stromstrichs liegen begründet im Verhalten strömender Wassermengen. Die Windungen sind Ausdruck des Gleichgewichts zwischen Bewegungsenergie des Gewässers und dem Bodenwiderstand. Selbst in künstlich begradigten Bach- und Flußläufen stellen sich nach kurzer Zeit Schwingungen des Stromstrichs ein.

An den Ufern der pendelnden Flüsse entwickeln sich Prall- und Gleithänge. An den Prallhängen kommt es zu Unterschneidungen und Auskolkungen und an den Gleithängen zu Schlamm- und Kiesablagerungen. Eine kontinuierliche Unterschneidung an den Prallhängen und Sedimentation an den Gleithängen führt zu einem beständig weiteren Ausholen der Mäanderschwingungen, bis sich kreisförmige Mäanderbögen berühren und die Mäanderhälse durchbrochen werden, so daß hufeisenförmige Altwässer mit eingeschlossenen Umlaufbergen entstehen (s. Abb. 19, S. 110).

Talterrassen

Zum Teil werden die Täler, in denen sich die Flüsse mäandrierend einschneiden, von Talterrassen in mehr oder weniger großer Höhe über dem Talgrund begleitet. Sie sind nichts anderes als Reste alter Talböden oder Akkumulationsprodukte eines Flusses, der einst in einem höheren Niveau geflossen ist und dort sein mitgeführtes Material abgelagert hat.

Die Terrassenentstehung ist zurückzuführen auf tektonische Hebungen, Schwankungen in der Wasserführung (Vermehrung oder Verminderung der Wasserführung) oder auf eustatische Absenkungen des Meeresspiegels während der pleistozänen Kaltzeiten (s. auch S. 89). Alle Möglichkeiten führen zu einer Belebung der Tiefenerosion eines Flusses, so daß er in einem deutlich eingesenkten Bett einige Meter tiefer als zuvor fließt. Das Einschneiden des Flusses führt zu einer allmählichen Aufzehrung des älteren höheren Talbodens. An begünstigten Stellen des Talhanges, besonders an Gleithängen, bleiben Überreste des altenTalbodens als Terrassen erhalten. Ein mehrfacher Wechsel von Tiefenerosion und Akkumulation bzw.

Seitenerosion führt zu einer treppenförmigen Anordnung von Terrassen innerhalb eines Talzuges (s. Foto 21, S. 106).

Große Versatzhöhen der unteren Terrassenniveaus zum aktuell sich einschneidenden Flußbett deuten auf junge tektonische Hebungsvorgänge des Himalayas hin.

Himalaya-Flüsse

Indus und Yarlung-Tsangpo

Die zwei größten Flüsse der Himalaya-Region sind der **Indus** und der **Yarlung-Tsangpo**. Beide entspringen am Kailash-Berg des Transhimalayas, was auf eine spezielle Hebung des Kailash-Berges (Transhimalaya) zurückzuführen ist zu einer Zeit, als der Himalaya erst langsam im Entstehen war (n. ca. 30 Millionen Jahren): der Indus im Norden und der Yarlung-Tsangpo im Osten. Der Yarlung-Tsangpo wird durch den entstehenden Himalaya nach Osten, der Indus nach Westen gedrängt. Erst an dessen West- bzw. Ostende konnten sie ihn durchbrechen. Erstaunlicherweise geschah dies ausgerechnet bei den höchsten Erhebungen, am Nanga Parbat im Westen und am Namche Brawa im Osten.

Der Tsangpo verengt sich dabei auf 90 Meter Breite und donnert zwischen riesigen Felsblöcken in die Tiefe. Beim Austritt aus dem Gebirge ändert der Tsangpo wieder seinen Namen, er fließt gemächlich als Bramaputra. Vereint mit dem Ganges mündet er im Golf von Bengalen, dem größten bekannten submarinen Delta, welches aus Erosionsmaterial des immer noch wachsenden Himalayas besteht.

Der auf der Nordseite des Kailash-Berges entspringende Indus erreicht in der Nähe des alten Klosters Tashigang das breite, nach Nordwesten gerichtete Tal der Indus-Yarlung-Sutur-Zone (Plattengrenze zwischen Indien und Eurasien). Nach Erreichen dieser Zone fließt er durch schwarze Bergketten, welche die ozeanischen Gesteine der Sutur dokumentieren. Er folgt dieser Zone, um nach ca. 100 Kilometern dann die Granite der Ladakh-Kette zu durchbrechen.

Foto 19, S. 105 oben — Das Foto zeigt die in diesem Querprofil wahrscheinlich eiszeitlich gletscherfreie Talfurche des Tsangpo. Der Tsangpo schwankt jahreszeitlich sehr stark in seiner Wasserführung. Die Aufnahme wurde im Oktober gemacht, in der Nachmonsunzeit mit Niedrigwasser. Einige Tibeter überqueren mit ihren traditionellen Fellbooten den Tsangpo.

Foto 20, S. 105 unten — Zu sehen ist das Blaldu-Tal in Richtung Norden gesehen mit breiten Gletschertorschotterfluren und anastomosierendem Gewässernetz, das vom Baltoro- und Panmah-Gletscher gespeist wird. Dieses Geflecht von Wasseradern ist eine ganz typische Erscheinung von Karakorum-Gletscherflüssen.

Dieser Fluß wurde zur Lebensader für das trockene Ladakh und Baltistan, des nördlichen Teils Pakistans. Nach Durchbrechen der Ladakh-Kette verläßt der Indus Tibet und fließt auf indischem Boden.

Viele der in tiefen kerbtalähnlichen Schluchten fließenden Flüsse, die auf der Südseite des Transhimalayas und der Nordseite des Hohen-Himalayas entspringen, speisen den ostwärts fließenden **Yarlung-Tsangpo**. Er folgt ebenfalls der Indus-Yarlung-Sutur-Zone. Schwarze und grüne Felsen entsprechend denen am Indus, ursprünglich ozeanische Gesteine, die an einem mittelozeanischen Rücken entstanden sind (Ophiolithe), treten entlang der Südseite des Flusses sporadisch auf. Im Norden hingegen sind die hellen Granite des Transhimalayas dauernde Begleiter.

Der Verlauf des Yarlung-Tsangpo ist gekennzeichnet durch breite Schwemmebenen mit markanten Terrassen und Sanddünen, die mit kurzen Schluchten wechseln. Über weite Strecken hat der Fluß nur ein geringes Gefälle, so daß er in mäandrierenden Flußschlingen verläuft. Der ständig von einem zum anderen Ufer wechselnde Stromstrich führt zur Ausbildung eines Prallufers und eines Gleitufers. Am Prallufer werden die Hänge durch Seitenerosion unterschnitten und abgetragen, am Gleitufer hingegen lagern sich die vom Fluß mitgeführten Schwebstoffe ab. Diese abgelagerten Schwemmsandbänke wurden zum Teil durch den Wind in **Sanddünenfelder** ummodelliert (s. südlich von Lhasa, unweit des Klosters Samye). Sie greifen hier teilweise hinauf in die schwarzen ozeanischen Gesteine.

Durchbruchsflüsse

Flüsse wie der **Sutlej**, **Karnali** und **Ganges**, die zur Himalaya-Südseite entwässern, sind Durchbruchsflüsse. Sie haben sich nicht wie der Indus und der Tsangpo durch den werdenden Himalaya umleiten lassen.

Normalerweise müßten die Flüsse bestrebt sein, dem stauenden Hindernis auszuweichen. Da sie aber schon vor der Heraushebung des Gebirgs-

Foto 21, S. 106 Zu sehen sind glazifluviale Schotterterrassen im Seti Khola, zwischen Pokhara und Annapurna IV nach Norden aufwärts gesehen. Die Terrassentreppe ist viele Dekameter hoch und liegt im Bereich der heutigen fluvialen Höhenstufe (Gebirgsfußstufe) der Himalaya-Südseite (zwischen 1.000 und 1.700 m Höhe). Die Zahl der Terrassen spiegelt die Gletschervorstöße und -rückzüge wider. Während der Gletschervorstöße sind die Schotterfelder entstanden, die während der Rückzugsphasen durch Einschneidung in Schotterterrassen umgewandelt worden sind.

Foto 22, S. 108 Die Aufnahme zeigt den Indus im Skardu-Becken (zwischen Karakorum und Deosai) flußaufwärts in Richtung Ost-Nordosten gesehen. Das hocheiszeitlich völlig gletscherverfüllte Skardu-Becken wurde im Postglazial mit Schotterfluren zu einer sehr breiten Talsohle verfüllt. Im Hintergrund sind glazigene Rundhöcker zu sehen.

körpers angelegt waren und die Erosionsleistung mit der Hebung hat Schritt halten können, durchbrechen sie als antezedente Durchbruchsflüsse diesen Gebirgskörper.

Die tektonische Hebung eines Gebirgskörpers (z.B. Hoher-Himalaya) bewirkt wie eine vermehrte Wasserführung oder eine Meeresspiegelabsenkung eine Wiederbelebung der Tiefenerosion eines Flusses. Erosion erfolgt immer rückschreitend, das heißt vom Meeresspiegel flußaufwärts. Der Meeresspiegel stellt die absolute Erosionsbasis dar. Wird ein Gebirge auf dem Festland gehoben (Hoher-Himalaya), führt das zu einer meerwärtigen Zunahme des Gefälles. Erosionsimpulse werden ausgelöst. Der Fluß versucht die Versteilung des Geländes auszugleichen, indem er den ihm in den Weg gesetzten, herausgehobenen Gebirgskomplex zu durchsägen versucht.

Die fortwährende Hebung des Himalayas bewirkt, daß die Flüsse sich tiefer einschneiden und Gebirgsketten durchbrechen. Der **Arun** in Ost-Nepal beispielsweise ist ein Durchbruchsfluß, der für seinen Durchbruch die höchsten Erhebungen des gesamten Himalayas (Everest- und Kangchendzönga-Gruppe) ausgesucht hat. In seinem Quellgebiet, in Südtibet versucht er durch rückschreitende Erosion von Süden her den Yarlung-Tsangpo anzuzapfen. Die Arunquellen liegen nur einige 10 bis 20 km vom Yar-

Abb. 19 Flußmäander mit Entstehung eines Umlaufberges

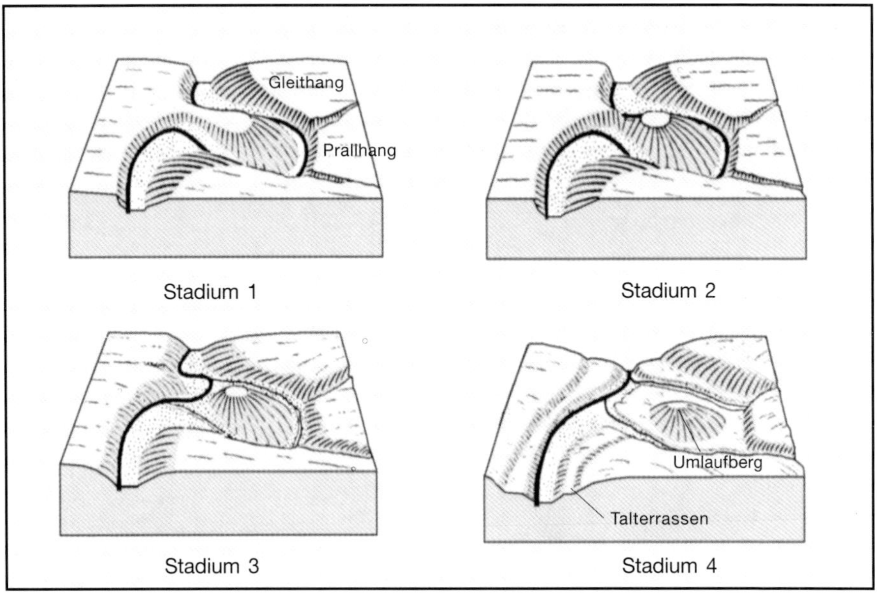

lung-Tsangpo entfernt. Die Wasserscheide liegt nur einige hundert Meter höher als das Flußbett des Yarlung-Tsangpo.

In jüngster geologischer Zukunft werden die Wassermassen des Yarlung-Tsangpo durch die Arun-Schlucht in die Gangesebene brausen.

Aufgrund der andauernden Hebung besitzt kaum ein Himalaya-Fluß ein ausgeglichenes Gefälleprofil. Aus Luft- und Satellitenbildern werden junge horizontale Versetzungen von Flußläufen beobachtet.

Canyonlandschaften

In trockeneren Regionen des Himalayas wie in Westtibet, in der Nähe von Zanda, findet man Canyonlandschaften. Flüsse wie der **Sutlej** haben sich durch rückschreitende Erosion in die fast horizontal lagernden Gesteinsschichten der Sedimentgesteine eingeschnitten. Durch den Wechsel von harten und weichen Gesteinsschichten sind die Talhänge treppenartig gestuft.

Bei Tholing und Tsaparang haben die Flüsse rund 700 m tiefe Schluchten geschaffen. Im Vergleich hierzu ist der Grand-Canyon des Colorado in Arizona rund 1800 m tief.

In der Canyonlandschaft auf dem Weg von Tholing nach Tsaparang sind Knochenreste tropischer Säugetiere gefunden worden, die die jüngste Hebung des Himalayas von über 4000 m beweisen. Die Tiere lebten einst (im Tertiär) in tropischen Tiefländern des damals noch niedrigen Himalayas und wurden nach ihrem Tode zusedimentiert und in die Gesteinsschichten eingeschlossen. Mit der tektonischen Hebung sind sie dann in große Höhen transportiert worden.

Abb. 20 Gehobener Gebirgskomplex mit Durchbruchsfluß

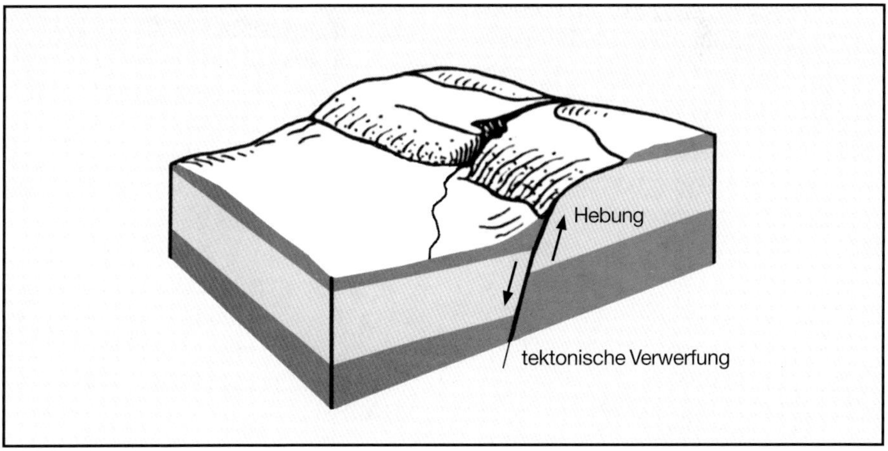

Überschwemmungs-katastrophen

Die Tiefenerosion der Flüsse und die durch die Entwaldung und andere menschliche Eingriffe ausgelöste Bodenerosion führen dazu, daß den Flüssen reichlich Schwebstofffracht zugeführt wird. Das Ganges-Bramaputra-Delta wächst dadurch ständig.

Während der Hochwasserzeiten breitet sich das sedimentreiche Flußwasser flächenhaft auf dem aufgeschütteten Deltaland aus. Durch die Ablagerung und Aufschüttung der mitgeführten Sedimentfracht wird die Fließgeschwindigkeit herabgesetzt. Es kommt zu einem Rückstau der Wassermassen, wodurch Überschwemmungen ausgelöst werden.

Flußstauungen

Überschwemmungskatastrophen können allerdings auch durch Flußstauungen hervorgerufen werden. Rasch vorstoßende Gletscher führen oft zu Stauungen von Flüssen und rufen Flutkatastrophen hervor.

Der Passu-Gletscher im Karakorum führt durch sein regelmäßiges Vorstoßen zu Stauungen des **Hunza-Flusses**. Für die Karakorum-Straße ist der Passu-Gletscher daher ein gefürchtetes Hindernis. Oftmals wird der Karakorum-Highway durch Felsstürze zerstört und damit für den Verkehr unterbrochen. Stellenweise ist er dann nur noch mit Traktoren (s. Foto 31, S. 140) oder zu Fuß mit Trägern zu passieren.

Auch die Quellflüsse des Shyok sind durch rasch vorstoßende Gletscher betroffen. Im Jahre 1840 soll eine Eisbarriere den Oberlauf des Shyok zu einem 16 km langen und 150 m tiefen See aufgestaut haben. Ein halbes Jahr später löste sich die Eisbarriere und es kam zum Abfluß der aufgestauten Wassermassen. Eine 10 m hohe alles vernichtende Wasserfront donnerte über 300 km durch die Täler.

Raubbau

Überall dort, wo durch Raubbau die natürliche Vegetation und mit ihr die Böden zerstört werden wie in den regenreichen Monsungebieten (z.B. Nepal u. Himachal Pradesh), reißen die starken Niederschläge ganze Hanglagen fort und lösen damit ebenfalls verheerende Überschwemmungen aus.

Hochwasserzeiten

Überschwemmungen können aber auch mit den natürlichen Abflußregimen der Himalaya-Flüsse in Zusammenhang stehen. Himalaya-Flüsse führen zu allen Jahreszeiten ausreichend Wasser, jedoch weisen sie eine starke jahreszeitliche Wasserstandsschwankung auf. Die Flüsse des östlichen Himalayas, wie z.B. der Ganges, sind eindeutig vom Monsun abhängig mit Hochwasser von Mai bis September, Höchststand von Juni bis August.

Westliche Himalaya-Flüsse wie der Indus hingegen unterliegen eindeutig einem Schmelzwasserregime mit einem eng begrenzten Abflußmaximum im Juni/Juli während der Schneeschmelze. Der Höchststand beider Regime überschneidet sich, was bei den Flüssen im mittleren Himalaya zu extremen Überschwemmungen führt. Daher befinden sich die Verkehrswege auch nicht in den Tälern, sondern an Hängen und über Bergrücken.

Anastomosierendes Gewässernetz

Im Frühjahr und Sommer sind die breiten Flußtäler vollständig überflutet. In der winterlichen trockeneren Periode hingegen werden die weiten sommerlich überfluteten Schwemmebenen nur noch von zahlreichen kleinen Flußarmen (anastomosierende Gerinne, Foto 20 u. 22) durchzogen.

Besonders im niederschlagsärmeren West-Himalaya, wie beispielsweise im östlichen Karakorum, im Mündungsgebiet des Hushe in den Shyok oder am Sutlej, sind diese verästelten Wasserarme eine typische Landschaftserscheinung.

Himalaya-Täler sind infolge der sommerlichen Wasserführung oft sehr breit angelegt, aber auch deswegen, weil die winterlichen Gerinnebahnen auf dem Schwemmmaterial der Flüsse hin und her pendeln und dabei die seitlichen Gebirgshänge unterschneiden.

Seen

Die Himalaya-Seen sind zum Teil Süßwasserseen wie z.B. der **Yamdrok-See** (Foto 18, S. 96) und der **Manasarowar-See**. In feuchteren Gebieten (z.B. Himalaya-Südseite) mit einer stärkeren Wasserspeisung der Seen treten vermehrt Süßwasserseen auf. Brackwasserseen und salinare Seen sind in den trockeneren Regionen anzutreffen.

Die Seen haben meist einen Zufluß, aber keinen Abfluß. Bei der Verwitterung der Gesteine werden die darin enthaltenen Salze wie z.B. Natrium und Kalium (Na, K) freigesetzt und durch die Flüsse in die Seen transportiert. Das Zuflußwasser der Seen enthält nur geringe Salzmengen. Aufgrund der hohen Verdunstungsrate in den Trockengebieten (wie z.B. in Ladakh) reichern sich jedoch die gelösten Salze im Seewasser an (Brackwasserseen). Mit zunehmender Verdunstung steigt der Salzgehalt (salinare Seen). Bei völliger Austrocknung entstehen Salzpfannen und Salztonebenen.

Salzgewinnung

Aus den Salzpfannen und -ebenen gewinnen die Tibeter das zum menschlichen Verzehr benötigte Salz. Von der Salzebene Trabye Tsaka (Tibet) beispielsweise wird es mit Karawanen nach Nepal (Dolpo) transportiert und gegen Getreide eingetauscht.

In Nord-Mustang beispielsweise, nahe der Orte Gilling und Tetang, wird Salz auch in Salzsiedereien gewonnen. Dazu wird salzhaltiges Wasser in flache, künstlich angelegte Seebekken geleitet, wo nach Verdunsten des Wassers das Salz zurückbleibt.

In Konkurrenz zu diesem Salz steht das indische Salz, welches in großen Mengen aus Meerwasser gewonnen wird und mit Lastwagen über die Handelsstraßen in die entsprechenden Regionen Nepals transportiert wird.

Entstehung und Art der Seen

Für die Entstehung der Seen gibt es verschiedene Erklärungen. Oft sind sie an tektonische Leitlinien (Verwerfungen, s. Abb. 20, S. 111) geknüpft und stehen in Verbindung mit der Wirkung des Gletschereises (wie z.B. der **Manasarowar- u. Yamdrok-See**). Eine weitere Entstehungsursache ist das Austauen von im Boden befindlichen Eislinsen.

Auftauseen

Innerhalb von Permafrostbodenarealen (ewig oder dauernd gefrorener Boden) kommt es beispielsweise infolge eines wärmer werdenden Klimas (wie z.B. bei einem Wechsel von Kaltzeit zu Warmzeit) zum Austauen von im Boden befindlichen Eislinsen. Durch den Eisschwund entstehen Hohlräume, die durch Nachsacken des Oberbodens in schüsselförmige, ovale oder runde Hohlformen umgewandelt werden. Diese füllen sich mit Wasser und bilden Seen.

Seen in Gletscherschurfbecken

Ein Großteil der Seen ist auf die Glazialerosion zurückzuführen. Dabei handelt es sich um ehemalige Gletscherschurfbecken und um glazialerosiv entstandene Täler (U-Täler), die sich nach Abschmelzen des Gletschereises mit Wasser füllten. Die Gletscher haben eine mechanische Wirkung auf den Untergrund, zum einen durch den Druck, der durch die Eisauflast entsteht und zum anderen durch das mitgeführte moränige Gesteinsmaterial, welches infolge der Fließbewegung des Gletschereises eine abhobelnde Wirkung auf den Untergrund ausübt.

Der **Nam Tso**, Tengri Nor (s. Foto 17, S. 95) in Zentraltibet, der viermal so groß ist wie der Bodensee, ist eines der größten glazialen Schurfbecken, das sich nach Rückzug des Inlandeises im Postglazial mit Wasser füllte.

Endmoränenseen

Seen sind auch an den Gletscherrändern entstanden. Die eiszeitlichen Gletscher riegelten mit ihren Endmoränenwällen Täler ab, so daß das anfallende Gletscherschmelzwasser in den abgesperrten Tälern zu Seen aufgestaut wurde. Im nördlichen Bhutan liegt ein durch eine Endmoräne hochgestauter Gletschersee. Ein plötzlicher Gletschervorstoß oder eines der häufig auftretenden Erdbeben in dieser Region könnte einen gefährlichen Dammbruch auslösen und zu einer Überschwemmungskatastrophe führen.

Dammbrüche der natürlich gestauten Gletscherseen hat es auch in der Vergangenheit gegeben. Schotterreste in tiefer gelegenen Tälern weisen auf solche Überschwemmungskatastrophen hin.

Im Quellgebiet des **Pho Chu** (Bhutan), nahe der tibetischen Grenze, lag einst ein Gletschersee, der durch eine hohe Moräne aufgestaut war. Oberhalb des Sees befand sich ein Hängegletscher an einer hellen (weißen) Granitwand. Vor ca. 50 Jahren war dieser Hängegletscher plötzlich vorgestoßen. Seine Eismassen stürzten in den See und haben eine mächtige Flutwelle erzeugt und den Moränenwall aufgerissen. Als Zeugnis dieser Flutkatastrophe findet man heute im obersten Pho Chu-Tal anstelle eines Hochgebirgswaldes eine mehrere hundert Meter breite Schneise aus hellen Granitblöcken.

Auf der Mt. Everest-Südseite befinden sich ebenfalls Endmoränenseen wie die Seen des Tuo- und Tschukhung-Gletschers sowie diejenigen von dessen östlichen Nachbarn und dem kleinen Gletscher östlich des Lhotse Shar-Gletschers. Diese Seen sind durch Moränenkränze aufgestaut worden, die aus der Zeit des Hochstandes der Vergletscherung der Mitte des vorigen Jahrhunderts („Little-Ice-Age“, s. S. 99) stammen.

Die meisten Seen sind während der endenden Kalt- und beginnenden Warmzeit entstanden. Nach Ausschmelzen des Eises füllten sich die glazialerosiv entstandenen Becken und Täler mit Wasser. Während der Eiszeit (Kaltzeit) waren sie mit Eis verplombt. Auch die auf Degradation des Dauerfrostbodens zurückzuführenden Seen sind in dieser Zeit entstanden. Die Becken und Hohlformen füllten sich mit Grundwasser, welches aus dem zuvor vom Dauerfrostboden versiegelten Untergrund austrat.

Endseen

In den eisfreien Beckenregionen sind während der letzten Kaltzeit (Würm-Kaltzeit) Endseen entstanden oder haben sich ausgedehnt. Die würmeiszeitlich entstandenen Endseen sind heute größtenteils verschwunden oder um ein vielfaches geschrumpft.

Im trockenen Ladakh gab es vor 20.000 - 30.000 Jahren noch große Endseen. Markante Terrassen, Strandwälle und Seesedimente bezeugen die Existenz solcher Seen. Die weißlich-gelblichen, feinkörnigen **Lamayura-Seesedimente** dokumentieren die Existenz des einstigen Lamayura-Sees. Aus den Seesedimenten haben sich Erosionsformen entwickelt.

In den großen Tälern des Indus oder des Shyok findet man häufig hoch oben an den Talhängen hellgelbliche, horizontale Schichten als Reste eiszeitlicher Seesedimente.

Am Zusammenfluß des Shigar mit dem Indus lag einst ein großer See. Übriggebliebene Strandwälle wie die markanten Terrassen von **Skardu**, in denen ausgezeichnete Seesedimente aufgeschlossen sind, zeugen von höheren eiszeitlichen Seespiegelständen.

Die Entstehung der Endseen und auch ihre Ausdehnung ist nicht ohne weiteres auf ein feuchteres Klima zurückzuführen, sondern auf ein Kälterwerden. Bei gleichbleibendem Trockenheitscharakter und sinkender Temperatur sinkt zwar der Niederschlag, aber gleichzeitig auch die Verdunstung. Dies hat zur Folge, daß die Wasserzufuhr aus den humiden (feuchten) Gebirgen oder benachbarten humiden Zonen stärker wird, da das Wasser auf seinem Wege weniger verdunstet. Während das Klima kälter wird, steigen Endseen an oder entstehen. Die Steppe oder Wüste nimmt aber gleichzeitig keinen humideren Charakter an.

Foto 23, S. 117 Das Foto wurde Mitte September aus 4.850 m Höhe aufgenommen. Es zeigt den 8.816 m hohen K2 von seiner sehr abgelegenen und unzugänglichen Nordseite in Richtung Süden gesehen. Im Vorder- und Mittelgrund befindet sich der K2 Nordgletscher mit über 20 m hohen Eispyramiden.

Foto 24, S. 118 Zu sehen ist der 7.937 m hohe Annapurna II (Himalaya-Südflanke) mit einer riesigen Lawine, die auf den Lawinenkegelgletscher (Madi Khola-Gletscher) am Wandfuß abstürzt.

Foto 25, S. 119 Die Aufnahme zeigt den aus 2.450 m Höhe gesehenen Lawinenkegelgletscher unterhalb Annapurna II und Lamjung Himalaya-Südabdachung.

Foto 26, S. 120 oben — Die Aufnahme zeigt den mittleren Baltoro-Gletscher aus 4.100 m Höhe aufwärts gen Osten gesehen. Er ist großflächig mit Schutt bedeckt. Einzelne aus luftreichem weißen Eis bestehende Eispyramiden haben sich gebildet. Sie wachsen residual (tauen nicht ab) aus der Schuttfläche heraus.

Foto 27, S. 120 unten — Das Foto zeigt den aus 4.900 m Höhe aufgenommenen K2-Nordgletscher mit seinen Nebengletschern im Hintergrund. Die Gletscheroberfläche ist in zahlreiche Eispyramiden aufgelöst.

Veränderung der Oberflächenformung mit der Höhe

Geomorphologische Höhenstufen

Im Gebirge verändern sich mit zunehmender Höhe die klimatischen Bedingungen und damit die Verwitterungsprozesse, die eine bestimmte Formung der Oberfläche entstehen lassen. Entsprechend den klimatischen Höhenzonen haben sich charakteristische geomorphologische Höhenstufen ausgebildet.

Die vertikale Ausdehnung der geomorphologischen Höhenstufen sowie die anzutreffenden Oberflächenformen werden im wesentlichen bestimmt durch die klimatischen Faktoren wie Niederschlag und Temperatur. Geologische Gegebenheiten und Expositionsunterschiede (Sonn- und Schatthang oder windexponiert) nehmen ebenfalls Einfluß auf die Ausprägung und Anordnung des geomorphologischen Formenschatzes. Beispielsweise können Expositionsunterschiede für die Ausbildung der glazialen Höhenstufe bedeuten, daß auf den schattigen Nordseiten Gletscher ausgebildet sind und auf den sonnigen Südseiten nicht oder deutlich geringer.

Zwischen der feuchten Himalaya-Südseite und der Nordabdachung zum trockeneren Hochland von Tibet ist ein genereller Anstieg der Höhenstufengrenzen zu erkennen. Neben den zuvor genannten Einflußfaktoren, die die vertikale Ausdehnung der Höhenstufen bestimmen, kommt noch die Wirkung des Massenerhebungseffektes als Einflußfaktor hinzu. Wenn größere zusammenhängende Gebiete wie das Hochland von Tibet Höhen erreichen, in denen die kurzwellige Strahlung von der wasserdampfarmen Atmosphäre nur wenig absorbiert wird, dann kommt es in diesen Massenerhebungsbereichen zu einer stärkeren Erwärmung der Oberfläche als in vergleichbaren Höhen randlicher Bereiche.

In Massenerhebungen ist die Temperatursumme höher, die Einstrahlungsdauer und -intensität größer als anderswo, was einen Anstieg der Höhenstufen zur Folge hat.

Klima und Verwitterung bestimmen die Form

Gerade die klimatischen Bedingungen und die daraus resultierenden Verwitterungsvorgänge sind entscheidend an der Oberflächengestaltung der Höhenstufen beteiligt. Unter kalten und ariden (trockenen) Klimabedingungen, wie sie in den obersten Höhenstufen anzutreffen sind, findet eine physikalische oder mechanische Gesteinsaufbereitung durch Temperatur- und Frostverwitterung sowie durch die Arbeit des Gletschereises statt. Grobe Gesteinsschuttdecken, frostbedingte Steinringe oder kantengerundetes Moränenmaterial bleiben zurück.

Unter warm-humiden (feuchten) Klimabedingungen hingegen, wie sie im Gebirgsfußbereich der Himalaya-Südseite herrschen, verliert die physikalische Verwitterungsform an Bedeutung und wird ersetzt durch die Wirkung der chemischen Verwitterung, die hauptsächlich auf der Lösungsfähigkeit des Wassers (Korrasion) beruht. Die intensive chemische Tiefenverwitterung zermürbt das anstehende Gestein und führt zur Ausbildung eines tiefgründigen Bodens, welcher durch die monsunalen Starkregen kräftig erodiert wird. Ein tief zerschnittenes Kerbtalrelief bildet sich aus.

Für den Himalaya ergibt sich eine stark vereinfachte Höhenstufenfolge, die sich aus einer **glazialen**, einer **periglazialen-/nivalen-** und einer **Gebirgsfußregion** zusammensetzt.

Verlagerung der Höhenstufen im Laufe der Erdgeschichte

Die Oberflächenformen der Höhenstufen bestehen zum Teil aus Formen, die in der erdgeschichtlichen Vergangenheit (Vorzeit) unter ganz anderen klimatischen Verhältnissen entstanden sind und unter den heutigen Klimabedingungen überprägt oder gar völlig zerstört werden.

Während der pleistozänen Kaltzeiten reichte die oberste glaziale Höhenstufe sehr viel weiter in die heutige periglaziale Höhenstufe hinab. Eiszeitlich entstandene Glazialformen werden heute durch die Wirkung des Frostes überformt und umgestaltet. Gletscherenden reichten eiszeitlich sogar bis in die unterste Gebirgsfußregion hinein, wo ihr hinterlassener Formenschatz heute chemischen Verwitterungsprozessen unterliegt.

Glaziale Höhenstufe (Gletscherregion)

Als geschrumpfte Überbleibsel eiszeitlicher Gletscherströme nehmen die heutigen Gletscher nur noch die höchsten Gebirsregionen ein. Innerhalb der Täler fließen oder strömen sie dem Gefälle folgend von den Gipfelregionen in tiefer liegende Talregionen hinab. Das riesige **Eisstromnetz des Karakorums** mit Eismächtigkeiten von über 1.000 m ist ein Erbe der Späteiszeit, das sich bis heute halten konnte (s. Foto 14, S. 93). Die Erhaltung war nur möglich, weil über den mit Schnee und Eis bedeckten Bergflanken der Niederschlag als Schnee fällt und damit zur Gletschernährung und -erhaltung beiträgt. Wären die Bergflanken eisfrei, dann würde der Niederschlag über den nackten Felswänden als Regen fallen und es könnten sich unter den heute herrschenden Klimabedingungen im Karakorum keine Gletscher bilden.

Die Gletscher und die mit ihnen in Verbindung stehenden Oberflächenformen wie beispielsweise die Gletscherseen machen den Reiz des Hochgebirges aus.

Das Zusammenwirken verschiedener Faktoren wie Niederschlag, Temperatur, Expositionsunterschiede (Sonn- und Schatthang), Windverhältnisse, tektonische Formenverhältnisse und die orographische Höhe tragen zur Gletscherbildung bei.

Hohe mittägliche Sonnenstände mit starker Einstrahlung, besonders im trockenen, wolkenarmen Sommer bedingen große Expositionsunterschiede zwischen Nord- und Südabdachungen. Diese Unterschiede sind nirgendwo so groß wie in den trokkenen und sommertrockenen Subtropen, was sich sehr stark auf die Verbreitung der Gletscher der glazialen Höhenstufe auswirkt.

Wie entstehen Gletscher ?

Die Grundbedingung für die Entstehung von Gletschern ist, daß über längere Zeit die Akkumulation (Anhäufung) von Schnee größer ist als die Ablation (Aufzehrung) des Schnees. Diese Bedingungen sind oberhalb der temporären Schneegrenze gegeben, die das schneebedeckte vom schneefreien Areal trennt und jahreszeitlichen Temperaturschwankungen unterliegt. Die höchste Lage der temporären Schneegrenze wird als orographische Schneegrenze bezeichnet. Sie ist die untere Grenze der vereinzelt oder in größerer Zahl auftretenden Schneefelder oder Firnflecken der nivalen Formungsregion (nivale Höhenstufe).

Erst oberhalb der Höhengrenze (klimatische Schneegrenze), bis zu welcher der Schnee im Sommer wegtaut, liegt ewiger Schnee. Die klimatische

Schneegrenze, auch Firnlinie genannt, trennt den Gletscher in zwei Bereiche, in das **Nähr-** und das **Zehrgebiet**. Im Nährgebiet bildet und nährt sich der Gletscher, darunter im Zehrgebiet werden die Eismassen infolge sommerlicher Temperaturerhöhungen abgebaut.

Im Nährgebiet wird der frisch gefallene Neuschnee, zum Teil unter der Wirkung des Windes, in nischenförmigen Hohlformen gesammelt. Unter dem Einfluß von Temperatur und Druck wird dieser vielfältig verändert und in Gletschereis umgewandelt. Mit zunehmenden Eismächtigkeiten bilden sich talabwärts fließende Gletscherströme.

Von Schnee zu Eis

Durch mehrmaliges Schmelzen und Wiedergefrieren backen die oberen Schneeschichten zusammen. Der Schnee erfährt durch längere Lagerung, Setzung, Wasseraufnahme und Verdichtung eine Umwandlung in Altschnee und zu Firn. Dabei hat sich bereits die Struktur des Schnees zu Eiskörnern verändert. Unter dem Druck der auflagernden Schnee- und Firnmassen erfolgt die Umwandlung in das grobkörnige Gletschereis.

Firneis erscheint weiß, bedingt durch den eingeschlossenen Luftanteil. Mit zunehmender Kompression verringert sich der Luftanteil und das Gletschereis erhält eine bläulich bis blaugrünliche Farbe.

Die Bildung von Gletschereis dauert Jahre, wobei die Metamorphose (Verdichtung und Umwandlung) sich je nach Temperatur des Gletschereises unterschiedlich vollzieht.

Warme und kalte Gletscher

Es gibt warme oder temperierte Gletscher (maritime Gletscher), aber auch kalte oder polare Gletscher (kontinentale Gletscher).

Die Temperaturen des Gletschereises bei kalten Gletschern liegen in der aktiven Schicht im Ablationsgebiet bei -2° bis -10° C (in 7 bis 10 m Schneetiefe). Bei warmen oder temperierten Gletschern liegen die Temperaturen des Eises um 0° C.

Gletscherbewegung

Ein Gletscher verhält sich nicht wie ein starrer Körper, sondern bedingt durch den Belastungsdruck und der daraus resultierenden Druckverflüssigung kann der Gletscher eine langsame Fließbewegung (plastisches Fließen) in Richtung des Oberflächengefälles vollziehen. Da die Dichte von Eis 0,91 t/m^3 beträgt, würde beispielsweise ein 10 Meter mächtiger Gletscher auf den Untergrund mit einem Gewicht von 9,1 Tonnen drükken. Unter diesem gewaltigen Druck und der auftretenden Reibungswärme schmilzt der Gletscher an seiner Sohle. Das hier entstehende Wasser wirkt wie ein Schmierfilm, auf dem der Gletscher wie auf einer Rutschbahn dem Gefälle folgend in Bewegung gesetzt wird. Hangneigungen kleiner als 1° C reichen dafür schon aus.

Fließgeschwindigkeiten

Die Fließgeschwindigkeit von Gletschern ist von vielen Faktoren (wie z.B. von Relief, Temperatur, Reibung, Größe des Nährgebietes u.a.) abhängig und kann Beträge von nur wenigen Metern bis zu mehreren Kilometern pro Jahr erreichen. Kalte Gletscher besitzen im Gegensatz zu warmen (maritimen) Gletschern höhere Fließgeschwindigkeiten.

Der Kutiah-Gletscher im Karakorum stieß beispielsweise 1953 in drei Monaten um 12 km vor (ca. 133 m pro Tag). Rasch vorstoßende Gletscher führen oft zu Stauungen von Flüssen und rufen Flutkatastrophen hervor. Der Passu-Gletscher im Karakorum führt durch sein regelmäßiges Vorstoßen zu Stauungen des Hunza-Flusses. Für die Karakorum-Straße ist der Passu-Gletscher daher ein gefürchtetes Hindernis.

Im Himalaya kommt es häufig zu Eisabbrüchen bei plötzlich vorstoßenden Hängegletschern. Die Eismassen stürzen in Seen und erzeugen mächtige Flutwellen, wobei die die Seen umgebenden Moränenwälle aufgerissen werden (wie z.B. in Bhutan, im Quellgebiet des Pho Chu).

Die Bewegungsgeschwindigkeit bei Himalaya-Gletschern beträgt zwischen einigen hundert bis 1.500 Meter im Jahr. Der Khumbu-Gletscher bewegt sich beispielsweise bis zu einem Meter täglich. Im Gegensatz zu den Himalaya-Gletschern beträgt die Geschwindigkeit der Auslaßgletscher im Randbereich des grönländischen Inlandeises sogar 3.000 bis 10.000 m im Jahr.

Hinzu kommt, daß die Fließgeschwindigkeiten innerhalb des Gletschers variieren. Bei warmen Gletschern mit einer **laminaren Fließbewegung** wird die größte Geschwindigkeit in der Mitte des Gletschers erreicht. Das Maximum liegt etwa an der Zungenwurzel, wo meistens die größten Eismächtigkeiten erreicht werden. Zu den Rändern und zum Gletscherende hin nimmt die Fließgeschwindigkeit ab.

Im Gegensatz dazu steht die **Blockschollenbewegung** kalter Gletscher, die gekennzeichnet ist durch nur eine geringe Abnahme der Geschwindigkeit zu den Seiten hin. Auch in der Vertikalen (v. Nährgebiet zum Gletscherende) ergeben sich keine größeren Änderungen der Bewegung. Morphologisch ist dies sehr bedeutsam, da hierdurch höhere Reibungskräfte auftreten, die den Untergrund stärker beanspruchen.

Gletscherspalten und Eispyramiden

Die Bewegungen der Gletscher äußern sich auf den Gletscheroberflächen in Form von Spalten (Längsspalten, Querspalten, Randspalten usw.). Kalte Gletscher sind an ihrer Oberfläche durch kräftige Spalten zerrissen und in zahlreiche Eistürme, Eispyramiden aufgelöst (s. Foto 27, S. 120).

Die **Eispyramidenbildung** ist auf starke subtropische Einstrahlungsverhältnisse zurückzuführen, die intensive Schmelzvorgänge auf der schuttbedeckten Gletscheroberfläche hervorrufen. Ist die Schuttauflage mächtiger als 7 - 10 cm, dann schützt sie das darunterliegende Eis vor Schmelzvorgängen. Eine geringmächtigere Schuttauflage hingegen fördert den Schmelzprozess. So kommt es, daß sich auf der Gletscheroberfläche im Bereich einer mächtigeren Schuttauflage Eistürme und im Bereich einer dünneren Schuttauflage Spalten bilden (s. Foto 26, S. 120).

Die Gletscheroberflächen in den Gebirgen Skandinaviens und den Alpen sind im Gegensatz zu denen in Hochasien ebenmäßig und glatt gestaltet.

Die am vollkommensten ausgebildeten Eispyramiden sind in den trokkensten Lagen der Himalaya- und Karakorum-Nordseiten (s. Foto 23, S. 117) anzutreffen (N-Seite des Mt. Everest z.B.). Auf der feuchteren, monsunbeeinflußten Himalaya-Südseite schwächt sich die Eispyramidenbildung ab. Nur im Niederschlagsschatten, beispielsweise am Nqolumpa-Gletscher und am **Khumbu-Gletscher**, ist sie deutlich ausgebildet.

Die erodierende Kraft des Gletschereises

Die abhobelnde und ausschürfende Wirkung des Gletschereises führt zur Ausbildung von glazialen Erosionsformen wie Rundhöcker und Glazialwannen. Weniger widerstandsfähige Gesteine schürft das Eis zu Furchen aus, während härtere Partien als wellige, wulstige Rücken (Rundhöcker s. Foto 22, S. 108) herauspräpariert werden.

Aber auch die Ausgestaltung der unterhalb der Hochgebirgskämme ausgebildeten Kare und glazialen Trogtalformen ist auf die Glazialerosion zurückzuführen (s. Abb. 21, S. 128).

Kare und Karlinge

Die Kare sind nischenartige Hohlformen an einem ehemals vergletscherten Hang. Der wannenförmig vom Eis ausgeschliffene Karboden wird von steilen, häufig zu Graten emporführenden Wänden umgeben. Hervorgegangen sind die Kare aus fluviatilen Vorformen durch die Wirkung der Frostverwitterung und des

Eises. Die an den eisfreien Karwänden wirkende Frostverwitterung lokkert das Gestein. Das Eis unterschneidet die Wände und bewirkt eine Zurückverlegung der Karwände. Der dabei anfallende Schutt wird vom Gletscher fortgeführt. Bei einer von mehreren Seiten wirkenden Hangrückverlegung durch die Kare wird ein kegelförmiger Berg in eine scharfkantige Pyramide umgewandelt. Solche Berge werden als Karlinge bezeichnet.

Ein bekannter Karling ist das Matterhorn in den Alpen. In Nepal wird der **Machapuchare**, auch Fischschwanz genannt, der den südlichen Eckpfeiler der Annapurna-Kette bildet, als nepalesisches Matterhorn bezeichnet (s. Foto 4, S. 20). Im Himalaya findet man noch weitere Karlinge wie beispielsweise die Eispyramide des **Chomolhari** in Bhutan.

In den Subtropen sind Kare meist in Nord- bis SE-Exposition (Schatthang, niederschlagsreiche Seite) ausgebildet, woraus asymmetrische Gipfel- bzw. Rückenformen hervorgehen.

Glazigene Täler

Fluviatil geschaffene Kerbtäler werden durch die Glazialerosion überarbeitet und zu U-Tälern umgeformt. Das ursprüngliche Tal wird dabei verbreitert und übertieft und erhält einen muldenförmigen Talboden. Die steilen Talwände (Trogwände) enden an der Trogkante, an die sich die ziemlich flach verlaufende Trogschulter anschließt, die bis zur Schliffgrenze reicht (s. Abb. 21, S. 128).

An den Schliffgrenzen wurde das anstehende Gestein von dem eiszeitlichen Gletscherstrom seitlich bearbeitet. Oberhalb der Schliffgrenzen entstanden steilere, scharfkantigere Hangformen, die auf Frostsprengung hinweisen (s. Foto 14, S. 93).

Nicht immer findet man heute die charakteristische Trogtalform in den Gebirgen ausgebildet. Meist nimmt die Güte der Trogtalerhaltung zu den rezenten Gletscherenden hinauf ab, da aufgrund zunehmender Wirkung der Frostverwitterung die eiszeitlichen Formen verwischt werden (s. S. 122).

Die überwiegende Anzahl glazigener Täler besitzt überhaupt nicht die klassische Trogform, sondern die Kerbenform (s. Abb. 25, S. 148). In Himalaya- und Karakorum-Quertälern (z.T. auch in den Alpen) wurden eiszeitlich bzw. werden noch heute glazigene Kerbtalprofile ausgebildet. Besonders dort, wo sehr steile Tal-

Abb. 21 Trogtal (U-Tal)

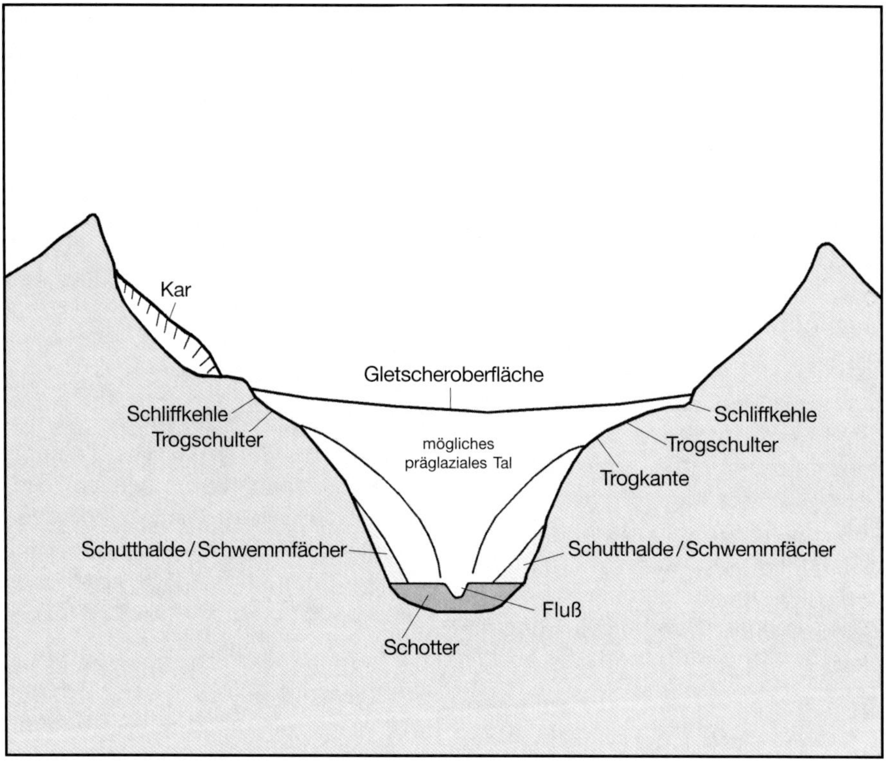

bodengefälle bestehen. Einen starken Einfluß auf die glazigene Kerbtalform hat das subglaziale Schmelzwasser, welches am Gletschergrund unter hohen hydrostatischen Drucken abfließt und dabei erodierend auf den Untergrund wirkt. Die Erosion erfolgt in Form einer hammerschlagartigen Felsbeanspruchung, die durch hohe Fließgeschwindigkeiten gespannten Wassers hervorgerufen wird.

Die hochglazialen nach Süden abfließenden Himalaya-Gletscher waren rund 50 - 90 km lang. Auf entsprechende Distanzen konnte genügend subglaziales Schmelzwasser produziert werden, welches formungswirksam werden konnte.

In der Tsangpo-Schlucht im Namche Barwa (SE-Tibet) hat die eiszeitliche subglaziale Schmelzwassereinschneidung unter dem Trogprofil ein Kerbprofil entstehen lassen.

Strudeltöpfe

Subglazial fließendes Schmelzwasser läßt unter der Gletscheroberfläche ein Röhrensystem entstehen. Hineinfallendes Grundmoränenmaterial und Lockergestein wird infolge der hohen Wasserdrucke im Röhrensystem fast vollständig abtransportiert. Wenn dennoch große und wohl gerundete Gesteinsblöcke steckenbleiben und ortsfest bleiben, werden sie durch eine senkrechte Wasserwalze hin und her bewegt. Sie wirken wie Bohrköpfe oder Mahlsteine und lassen sogenannte Strudeltöpfe entstehen.

Strudeltöpfe bilden sich meist vor kleinen, durch Gesteinshärteunterschiede bedingten Rippen und Schwellen im Wasserröhrenverlauf. An diesem Engpaß wird der Mahlstein festgehalten und kann seine Schleifwirkung ins anstehende Gestein beginnen. Strudeltöpfe können bis zu mehreren Metern tief sein.

Im Kangchendzönga-Massiv, im Tamur-Tal befindet sich beispielsweise in 1.420 m Höhe ein hoch- bis späteiszeitlich angelegter Strudeltopf.

Akkumulationsformen der Gletscher

Moränen und Sander

Zu den glazialen Akkumulationsformen zählen die Moränen. Das bei der Glazialerosion abgehobelte oder ausgeschürfte Gesteinsmaterial wird als **Grundmoräne** am Grunde des Gletschers mitgeführt. Der Felsgrund wird poliert, gestriemt, das Moränenmaterial gekritzt und gerundet. Teilweise werden die abgerundeten und geschliffenen Trümmer der Grundmoräne zu Schlamm und Sand zerrieben.

Auf der Oberfläche der Gletscher mitgeführtes, aus Lawinen und Steinschlägen stammendes, meist scharfkantiges Gesteinsmaterial bildet die **Obermoräne**. Im Laufe der Zeit wandert das Obermoränenmaterial in die Tiefe und bildet dort die sogenannte **Innenmoräne**, die nach Erreichen des Gletschergrundes zur Grundmoräne werden kann, wodurch die vorhandene Gundmoräne mächtiger wird.

Seitenmoränen begleiten die Ränder oder Seiten des Gletschers. Sie bestehen aus dem Gesteinsmaterial, das beim seitlichen Unterschneiden der Talhänge entsteht. Am Gletscherende, an der Gletscherzunge lagert der Gletscher den Grund-, Innen- und Obermoränenschutt ab in Form eines das Zungenende umrahmenden Walles, der **Endmoräne**. Zieht sich der Gletscher ruckweise zurück, so bleiben in der Regel mehrere Endmoränenwälle zurück.

Vor den Endmoränenwällen liegen meist die **Sander** in Form schwach geneigter Schwemmkegel. Sie bestehen aus Sand- und Kiesablagerungen, die durch die Schmelzwässer aus dem Moränenmaterial herausgewaschen worden sind.

Alle glazialen Erosionsformen und Akkumulationsformen werden erst nach Abschmelzen oder Zurückziehen des Gletschereises sichtbar. Die Siedlung Leh in Ladakh beispielsweise liegt auf einer Grundmoräne eines ehemaligen **Gletscherzungenbeckens**, das von Seitenmoränen umgeben und durch eine Endmoräne abgeschlossen wird (s. Foto 16, S. 94).

Ein charakteristisches Merkmal vieler subtropischer Hochgebirge besteht darin, daß der glaziale Formenschatz mit Karen und Moränenwällen auf die Schattlagen konzentriert ist. Die bestrahlten Hänge sind bis in die Gipfelregion durch kaltzeitliche und rezente Solifluktion zu Glatthängen geformt.

Besonderheiten der Himalaya- und Karakorum-Gletscher

Gletscherlängen

Die längsten Talgletscher befinden sich im Karakorum, da es hier ausgedehnte, hochgelegene Firnmulden gibt. Die Firnmulden des riesigen Siachen-Gletschers (rund 70 km Länge) schließen sich zu einem Firnfeldniveau zusammen, was auch typisch bei Alpengletschern ist.

Die Täler besitzen ein geringes Gefälle. Gletschernährende Niederschläge (Schneefälle) fallen im Winter und stammen aus der zu dieser Jahreszeit weit südwärts verlagerten Westwinddrift.

Im Himalaya müßten die Gletscher aufgrund der Gebirgshöhe und des Niederschlagreichtums weit aus größer sein als sie in Wirklichkeit sind (max. 30 km Länge). Da die Schneemengen der Hochregion größtenteils aber in der Monsunzeit (Sommer) fallen, erleiden sie alsbald wieder beträchtliche Einbuße durch Abschmelzung und Verdunstung. Außerdem führt der steile Gebirgsaufstieg zu einer außerordentlich starken Talneigung, wodurch die Gletscherzungen sehr schnell in den Auftaubereich geraten.

Die Ungunst der Formverhältnisse mit ihren äußerst steilen Aufragungen über der Schneegrenze führt dazu, daß geeignete Flächen für das Auffangen und Ansammeln des Schnees fehlen. In der Hochregion gehen von den steilen Hängen und Wänden große Schneemengen als Lawinen in tiefere, wärmere Lagen nieder, zum Teil bis in Tiefen unter die Schneegrenze, wo sie für die Gletscherernährung verloren gehen (s. Foto 24-25, S. 118-119).

Die Lawinenbildung führt zu einer starken Durchmischung des Firns und Eises mit Gesteinsstaub und Schutt. Der Dunkeleffekt, der daraus folgt, wirkt absorbierend auf die einfallenden Sonnenstrahlen und ruft gerade im Oberlauf der Gletscher eine starke Verdunstung und Abschmelzung des Gletschereises hervor. In tieferen Bereichen hingegen verdichtet sich der Schutt zu einer abschirmenden, konservierenden Decke auf dem Gletscher. Der Schutt schützt das darunterliegende Eis vor der Abschmelzung, was zur Folge hat, daß die Gletscherströme viel länger werden, als es dem alpinen Verhältnis von Ernährung und Abschmelzung entspricht. Bis zuletzt nehmen sie nur ganz wenig an Mächtigkeit ab.

Fiederrillen

Trotz der Steilheit der über die Schneegrenze aufragenden Bergflanken verfirnen und vereisen die Wände zu einer fast lückenlos geschlossenen Wandvergletscherung. Über 6.000 m Höhe kommt starker Rauhreifabsatz hinzu. Hier bilden sich besonders schön Fiederrillen aus. Die Ziselierung wird durch abrinnenden Pulverschnee und Eiskristalle hervorgerufen.

Dieser Gletschertyp ist besonders auf der niederschlagsreichen und steilen Himalaya-Südseite ausgebildet.

Dammgletscher

Eine Eigenart vieler Himalaya-Gletscher, Gletscher Osttibets und des Karakorums ist die, daß die Zungen dieser Gletscher auf einem Damm von Moränen (s. Abb. 22, S. 132 u. Foto 29, S. 138) hinfließen und beiderseits von Randtälchen mit Gletscherbächen begleitet werden. Der Talboden dieser Tälchen kann bis zu 300 m tiefer liegen als die Höhe der den Gletscher begleitenden Seitenmoräne (s. **Yannu-Gletscher**, nördlicher Nachbar vom Yamatri-Dammgletscher an der nepalesischen Seite des Kangchendzönga).

Die Randtälchen sind Ablationsschluchten, die an tropisch-subtropisches lufttrockenes Klima und starke Sonneneinstrahlung gebunden sind. Die die Gletscher begleitenden dunklen Talwände absorbieren die einfallende Sonnenstrahlung und geben Wärme ab, die eine starke Verdunstung und Abschmelzung des Gletschereises an den Rändern des Gletschers hervorruft. Bäche durchfließen die Randtälchen.

Das Phänomen der Dammgletscherbildung ist auf der Sonnseite besser ausgeprägt als auf der Schattseite (sehr schön zu erkennen auf der Südseite des Mount Everest am **Khumbu-Gletscher**).

Die Sockelbildung ist besonders dort ausgebildet, wo das Gletscherende aus einem Seitental heraus in ein breiteres Haupttal hineinragt (s. am Labutsche-, Tsola-, Nuptse-, Lhotse Nup-, Lhotse Ama Dablam-, Tuo-Gletscher).

Dammgletscher sind auch aus dem Alpenraum bekannt (z.B. Maengnaga-Gletscher am Osthang des Monte Rosa). Die Gletscher lagern mehr Schutt auf den Dämmen ab als sie ausschürfen. Sie füllen das durch die eiszeitliche Vergletscherung geschaffene Talgefäß nicht mehr aus. Durch Seitenmoränen grenzen sie sich in den überweiteten Trögen von ihrer Umgebung ab. Während der Eiszeit füllten die Eismassen den Talbereich voll aus und überfluteten auch die Trogscheiden.

Abb. 22 Dammgletscher

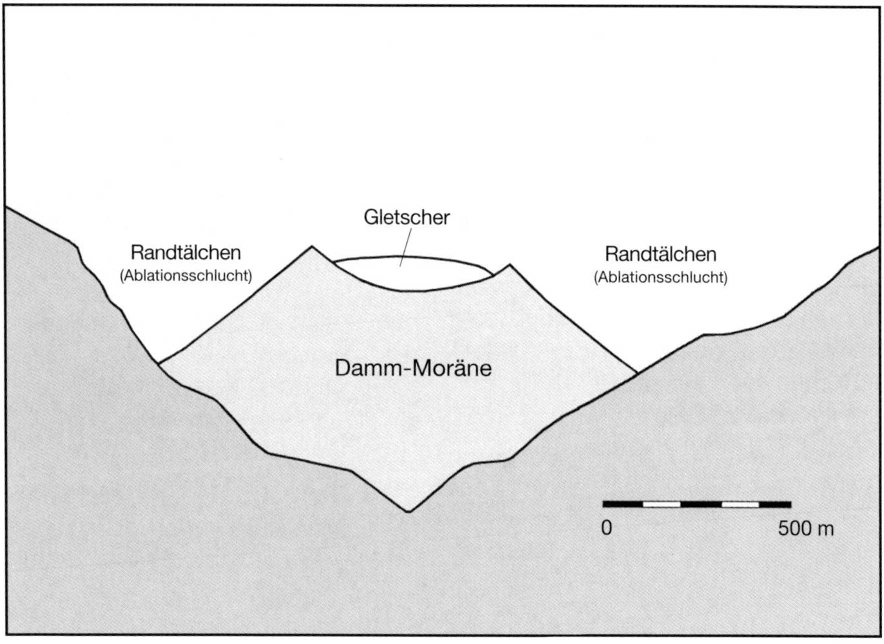

Gletschertypen und ihre Verbreitung

Es gibt verschiedene Gletschertypen, auf die hier nicht im einzelnen alle eingegangen werden soll. Nur bestimmte für eine Region oder ein Gebiet typische Gletscherbildungen sollen betrachtet werden.

Die Ausbildung der verschiedenen Gletschertypen hängt sehr stark von den Reliefverhältnissen ab. Gibt es über der Schneegrenze Vertiefungen und Mulden im Gelände, kann der Schnee aufgefangen werden. Es entstehen Firnkessel, aus denen **Firnkesselgletscher** talabwärts strömen. An steil aufragende Gebirgswände hingegen schließen sich meist Gletscher „turkestanischen Typs“ an.

Die klimatischen Bedingungen bestimmen, wie lang solche Gletscher werden können. Unter günstigen klimatischen Verhältnissen, wie sie beispielsweise im niederschlagsreichen Karakorum anzutreffen sind, werden ganze Talzüge von **Firnstromgletschern** eingenommen (s. Foto 14, S. 93 u. Foto 27, S. 120). Fehlen nun aber solche Sammelbecken oder Firnmulden oberhalb der Schneegrenze, weil das Relief ganz einfach zu steil ist, dann kommt es zur Ausbildung des **turkestanischen Gletschertys** (s. Foto 24-25, S. 118-119).

Die Schneegrenze liegt in Höhe der steilen Rück- und Seitenwand. Der Gletscher setzt erst unterhalb der Schneegrenze und der steilen Rückwand, wenn das Relief wieder etwas flacher wird, an. Genährt wird er durch abgehende Schnee- und Eislawinen von der steilen Gebirgsrückwand.

Turkestanischer Typ

Ein sehr schönes Beispiel für einen Gletscher „turkestanischen Typs“ ist der nordseitige **Minapin-Gletscher** im Karakorum. Die Schneegrenze befindet sich an der breiten, steil aufragenden verfirnten Wand in etwa 4.800 m Höhe. Unterhalb der von 3.600 m auf 7.272 m Höhe aufragenden Wand befindet sich der Gletscher, der mit kurzer steiler Zunge in etwa 2.200 m Höhe endet.

Gletscher gleichen Typs sind sehr zahlreich auf der Südseite des Mt. Everest ausgebildet. Von den rund 15 Gletschern dieser Region besitzen nur drei kleine Firnkessel oberhalb der Schneegrenze, an die sich Gletscherzungen anschließen.

Als weitere Gletscher turkestanischen Typs sind zu nennen der **Kangchendzönga-Gletscher**, der **Satopanth-Gletscher** am Ostfuß des Badrinath in der Gangotri-Gruppe sowie die großen und kleinen Seitenzweige des **Gangotri-Gletschers**. Der Hauptzweig des Gangotri-Gletschers wird allerdings als Firnstromgletscher bezeichnet, da er ein oberstes firnbedecktes Tal, einen Firnstrom besitzt.

Firnkessel- und Firnfeld-Gletschertyp

Neben dem riesigen **Siachen-Gletscher**, der als Firnfeldgletscher und Firnstromgletscher bezeichnet wird, gibt es im Karakorum Firnkesselgletscher wie z.B. den **Baltoro**- und **Batura-Gletscher** (s. Foto 14, S. 93 u. Foto 30, S. 139).

Der Unterschied zwischen einem Firnkessel und einem Firnfeld ist der, daß ein Firnkessel gegenüber einem Firnfeld tiefer eingesenkt ist.

Der auf der Nordseite des Mt. Everest gelegene **Rongbuk-Gletscher**, der sich aus verschiedenen Teilströmen zusammensetzt, zählt ebenfalls zum Typ der Firnfeld- und Firnkesselgletscher. Der kleine östliche Rongbuk-Gletscher hat im ganzen den Typus eines Firnfeldgletschers. Die Firnbecken oder -mulden des großen westlichen Rongbuk-Gletschers sind hingegen stärker eingesenkt, so daß dieser Gletschertyp zwischen Firnkessel- und Firnfeld-Gletscher steht.

Der **Khumbu-Gletscher** beginnt ebenfalls mit einem sehr großen Firnkessel, an diesen schließt sich zunächst ein 750 m hoher Eisbruch an und dann der Zungenbereich mit den charakteristischen Eispyramiden.

Allem Anschein nach war der Firnkessel des Khumbu-Gletschers in früheren Perioden der oberste Teil des Rongbuk-Gletschers und mit diesem über den heutigen Lho La verbunden.

Tibetischer Gletschertyp

In der Nachbarschaft des Rongbuk-Gletschers treten Gletscher vom „Tibetischen Typ“ in Erscheinung. Der kleine östliche Rongbuk-Gletscher wird im Osten und Norden von diesem Gletschertyp umgeben.

Gletscher diesen Typs können eine auffällig dreieckige Zungenform besitzen. Sie werden als Breitboden-Gletscher bezeichnet und sind auch aus Spitzbergen und Nordkanada bekannt. Diese Gletscher bilden sich in Regionen mit kalt-trockenen Klimabedingungen anstelle von Kargletschern, die in feuchteren Regionen ausgebildet sind. Im Gegensatz zu den Karen weisen Breitböden keine glaziale Übertiefung auf. Vorzeitliche Breitböden sind auch aus dem Harz bekannt, was wiederum Rückschlüsse auf die klimatischen Verhältnisse im Harz während der letzten Kaltzeit zuläßt.

Talgletscher, die mit sehr breiten Gletscherzungen in weiten, relativ niedrigen ganztaligen Trögen liegen, sind eine weitere Form des tibetischen Gletschertyps.

Periglaziale Höhenstufe

Die Bezeichnung „Periglazial" bedeutet soviel wie im Umkreis des Eises.

Normalerweise liegt die periglaziale Höhenstufe oder periglaziale Formungsregion im Hochgebirge unterhalb der Gletscherregion. Forschungsergebnisse des Göttinger Geowissenschaftlers M. Kuhle zeigen jedoch, daß dies nicht immer der Fall sein muß. Der periglaziale Formungsbereich kann auch, was Untersuchungen am Mt. Everest zeigen, oberhalb der Gletscherregion liegen. Am Mt. Everest wird die glaziale Höhenstufe umgeben von zwei seperaten periglazialen Höhenstufen.

Die höchstgelegene der beiden nimmt nur die obersten Gipfelregionen ein, die über 7.000 - 7.200 m ü.d.M. aufragen. Unterhalb der Gletscherregion liegt die zweite periglaziale Höhenstufe, die im zentralen Himalaya beispielsweise eine Vertikaldistanz von rund 3.000 m einnimmt.

Periglazialer Formungsbereich oberhalb der Gletscherregion

Die Schneegrenze ist meist die Trennungslinie zwischen der glazialen und der periglazialen Höhenstufe. Reichen Nunataker, **eisfreie Gipfelpyramiden** wie der Mt. Everest aus der Gletscherregion auf, dann überragt die periglaziale Formungsregion die Gletscherregion (s. Foto 28, S. 137). Die klimatische Schneegrenze ist daher nicht immer die Trennlinie zwischen der periglazialen und der glazialen Höhenstufe.

In einer Höhe zwischen 7.000 und 7.200 m ü.d.M. befindet sich an den Gipfeln des Mt. Everest, des Makalu und Lhotse beispielsweise eine wie mit dem Lineal gezogene dunkel-helle Trennlinie, die die Firneisdecke von einem darüberliegenden blanken Felsbereich trennt. Während der Monsunperiode ist diese Trennlinie allerdings nicht sichtbar, da die Gipfel eine mehrere Meter mächtige Neuschneedecke erhalten. Nur in den Wintermonaten (v. Oktober-April), wenn der aus westlicher Richtung wehende Strahlstrom (Jet-Stream) den Schnee von den Gipfeln fegt, tritt die Trennlinie hervor.

Schneefahne am Mount Everest

Am Mt. Everest-Gipfel ist der Vorgang des Schneefegens durch eine von weither sichtbare, nach Osten hinüberhängende Schneefahne erkennbar. Dabei wird der Schnee auf die Ostflanken der Berge verfrachtet, wo sich Hängegletscher und Eisbalkone ausbilden. An der Ostseite setzt die dunkel-helle Trennlinie daher meist aus. Topographische Gunstfaktoren wie Wandverflachungen und Wandschluchten, in denen der Schnee aufgefangen werden kann, begünstigen die Firneisbildung auf der Ostseite.

Eisfreie Gipfel

Warum oberhalb 7.000 - 7.200 m Höhe keine Gletscherbildung stattfindet, hängt mit den niedrigen Temperaturen und der Formenungunst des steilen Hochgebirgsreliefs zusammen. Infrarotmessungen haben ergeben, daß die O° C Grenze der Oberflächentemperatur in den Flanken und Wänden von Himalaya-Hochgipfeln in etwa in der Höhe von 7.000 - 7.200 m ü.d.M. verläuft.

Am Mt. Everest nehmen die Gipfeltemperaturen oberhalb 7.000 - 7.200 m ü.d.M. von - 20° C bis auf - 46° C ab. Die für die Gletscherbildung so wichtige Schmelzpunkttemperatur wird nie erreicht. Der Wechsel von Schmelzen und Wiedergefrieren bewirkt aber erst die Umwandlung von Neuschnee zu Firn und Firneis. Bei sehr niedrigen Temperaturen würde eine Setzung und Umwandlung des Schnees längere Zeiträume in Anspruch nehmen.

Wie die Eisbildung in der Antarktis und Grönland zeigt, können nicht allein die niedrigen Temperaturen für das Fehlen von Gletschern verantwortlich sein, sondern auch die Formen des Reliefs.

Im Gegensatz zum relativ flachen Gelände Grönlands und der Antarktis verhindert das steile Hochgebirgsrelief zusammen mit dem Prozess des Schneefegens, wodurch der kalte und trockene Schnee bereits innerhalb eines Winters abgeweht wird, das Auf-

Foto 28, S. 137 Aufgenommen wurde das Foto aus 5.500 m Höhe in die Südwestflanke des 8.848 m hohen Mt. Everest gesehen. Die eisfreie Gipfelpyramide ist nur monsunzeitlich schneebedeckt und wird zur Zeit der Aufnahme (Oktober) vom Jet-Stream mehr und mehr freigeblasen. Im Vergleich hierzu ist der 6.635 m hohe Kailash völlig vereist (s. Foto 8, S. 24).

Foto 29, S. 138 Das Foto wurde aus ca. 4.400 m Höhe aufgenommen und zeigt einen klassischen Dammgletscher (Shaigiri-Gletscher) in der Nanga Parbat-Südseite. Die Dammgletscherzunge des zum Rupal-Tal vom 6.970 m hohen Mazeno-Gipfel nach Südosten herabfließenden Shaigiri-Gletschers liegt in etwa 3.700 m Höhe.

fangen und Ansammeln des Schnees, was eine Grundvoraussetzung für Gletscherbildung ist.

Bedingungen wie auf dem Mars

In der höchsten gletscherfreien Fels- und Schuttregion stammt der aufbereitete Gesteinsschutt, der sich aus einer dünnen Streu von kiesigen bis grobblockigen Komponenten zusammensetzt, aus einer reinen Temperaturverwitterung. Minustemperaturen zwischen z.B. -20° C und -40° C zerrütten das anstehende Gestein aufgrund von Ausdehnungsvorgängen.

Dieser ohne Frostwechsel und damit bei extremer Trockenheit ablaufende Verwitterungsprozess findet nur in den höchsten Gipfelregionen der Erde und außerhalb unseres Planeten wie beispielsweise auf dem Mars, wo Oberflächentemperaturen von im Mittel -30° C bis -85° C gemessen wurden, statt.

Periglazialer Formungsbereich unterhalb der Gletscherregion

Der unterhalb an die glaziale Höhenstufe anschließende periglaziale Formungsbereich wird ebenfalls durch die Wirkung der physikalischen Verwitterung bestimmt. Hier spielt neben der reinen Temperaturverwitterung die Wirkung des Frostes eine große Rolle bei der Oberflächengestaltung.

Frostverwitterung

Bei der Frostverwitterung dringt Wasser in die Gesteinsklüfte ein und gefriert. Es kommt zu einer Vergrößerung und Erweiterung der Klüfte, wodurch die Gesteine in kantigen Blockschutt zerfallen. Auch Kernsprünge können an der Zerlegung beteiligt sein. Sie beruhen auf raschen Temperaturwechseln auf den

Foto 30, S. 139 Das Foto wurde aus etwa 3.000 m Höhe aufgenommen und zeigt das Zungenende des Batura-Gletschers im Hunzatal. Um die Peripherie der Gletscherzunge führt der mehrfach vom Gletschervorstoß zerstörte Karakorum-Highway.

Foto 31, S. 140 oben Die Aufnahme zeigt den von Felsstürzen zerstörten Karakorum-Highway im Hunzatal (zwischen Gulmit und Aliabad). Der Karakorum-Highway ist abschnittsweise nur mit Traktoren befahrbar. Aufgenommen wurde das Foto im September 1992, nach den zweitägigen Starkniederschlägen vom fünften zum siebten des Monats.

Foto 32, S. 140 unten Zu sehen ist das im Dhaulagiri-Gebirgsmassiv, auf der Himalaya-Nordseite gelegene Hidden-Valley. Auf dem Boden des Tales (zwischen 5.200 und 4.800 m Höhe) fließen 1,5 m mächtige Solifluktionsdecken herab und bilden loben- oder zungenförmige Steilstufen. Dieser Bereich liegt nahe oder oberhalb der Permafrostgrenze. Im Hintergrund befindet sich ein 6.000 m hoher Gipfel im Tsangda Himal/Süd-Tibet.

Gesteinsoberflächen. Durch den Wechsel von nächtlicher Befeuchtung und Abkühlung mit täglicher Erhitzung und Abtrocknung der Gesteinsoberflächen können sogenannte Kernsprünge entstehen. Ein Gesteinskörper zerspringt in kantige Gesteinsblöcke, was oft mit einem lauten Knall erfolgt.

Der physikalischen Verwitterung unterliegen auch die aus der rezent (heute) vergletscherten Höhenstufe herabreichenden glazialen Formen wie z.B. Moränen, Rundhöcker und Kare. Sie reichen als Fremdlingsformen in die rezente periglaziale Höhenstufe, aber auch bis in weit tieferliegende Höhenstufen und Formungsregionen hinab, was auf eine einst ausgedehntere pleistozäne Vereisung hinweist.

Bei der mechanischen Gesteinsaufbereitung spielt die Gesteinsart eine große Rolle. In homogenen Massengesteinen, in reinen massigen oder dickbankigen Kalken ist die Bildung und Erhaltung des glazialen Formenschatzes begünstigt. In brüchigen und leicht verwitterbaren Schiefern ist zwar die splitternde Wirkung des Gletschereises sehr wirksam, aber die glazialen Formen werden nach Abschmelzen der Gletscher infolge der physikalischen Verwitterung (Frostverwitterung) sehr schnell wieder verwischt.

Periglazialphänomene

Permafrost
(Dauergefrornis)

Permafrostareale, wie sie fast dem gesamten tibetischen Hochplateau unterliegen, kommen in der Hochgebirgsregion des Himalayas nicht flächendeckend vor. Mit zunehmender Höhe werden die Areale allerdings ausgedehnter.

Die Dicke des Permafrostbodens variiert zwischen 0 - 25 m und 60 - 130 m. Hangexposition, Höhe über dem Meeresspiegel, geologische Strukturen, Bodenbeschaffenheit sowie Grund- und Oberflächenwasser nehmen Einfluß auf die Permafrostbodenmächtigkeit.

In den oberflächennahen Bodenabschnitten des Permafrostbodens erfolgt im jahreszeitlichen oder im tageszeitlichen Rhythmus ein Auftauen und Wiedergefrieren des Bodens. In der Tauperiode bildet sich ein oberflächlicher **Auftauboden** über stets gefrorenem, wasserundurchlässigem Untergrund.

Abb. 23 Periglazialphänomene

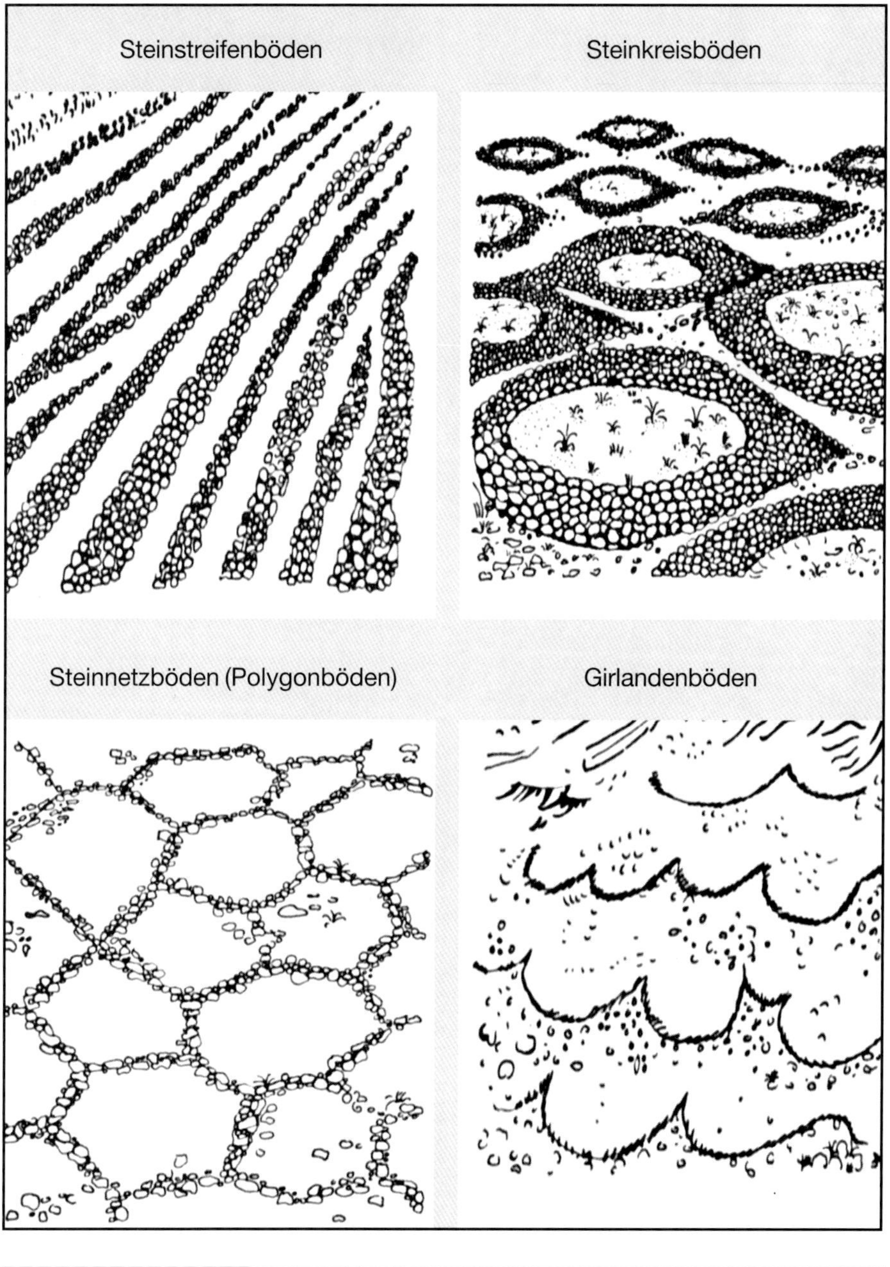

Formen der Solifluktion (Erdfließen)

Schon bei einer geringen Neigung des Geländes von 2 bis 5° beginnt der Auftauboden allmählich abwärts zu gleiten (Solifluktion).

Die Solifluktion hat eine enorme abtragende Kraft. Das durch die mechanische Verwitterung aufbereitete Schuttmaterial wird durch die Solifluktion in Bewegung gesetzt. Es bilden sich an Steilhangfüßen Blockhalden, und in den Tälern kommt es zur Ausbildung von Blockströmen (**ungebundene Solifluktion**).

Die Bildung von Blockhalden und Blockströmen ist an bestimmte Gesteinsarten gebunden, die grobblokkig verwittern (z.B. Granit, harte Sandsteine oder auch Basalt).

Bei einer vorhandenen Vegetationsdecke wird die Wirkung der Solifluktion gebremst. Man spricht von **gebundener Solifluktion** (s. Foto 32, S. 140). Unter Zerreißen der Grasnarbe (Rasenschälen) entstehen Girlandenböden, Fließerdeterrassen und -wülste. Bei ruckweiser Abwärtsbewegung des Bodens wird die Rasendecke zerrissen, vorgeschoben und überwälzt (s. Abb. 23, S. 143).

Formen der gebundenen Solifluktion sind meist im unteren Bereich der periglazialen Höhenstufe angesiedelt. Darüber liegen Formen der freien Solifluktion (Blockhalden, Blockströme). Aufgrund der größeren Höhenlage wird der Vegetationsbesatz spärlicher und setzt aus. An besonders steilen Hängen kommt es zur Ausbildung von Glatthängen.

Kammeissolifluktion und Frostmusterböden

Für tropische und subtropische Hochgebirge ist die Kammeissolifluktion eine typische Erscheinungsform (s. Abb. 24).

Unter Kammeis versteht man dichte Büschel feiner Eiskristalle, die sich unter der Bodenoberfläche bilden. Unter der Einwirkung der täglichen Einstrahlung und Erwärmung kommt es zu Auftauprozessen, gleichzeitig erfolgt aufgrund der hohen Verdunstungsrate ein kapillarer Aufstieg des im Auftauboden befindlichen Wassers. Dieses kapillar aufsteigende Wasser gefriert nachts zu feinen Eisnadeln. Die Eiskristalle heben Bodenpartikel und kleine Steine an. Das Abschmelzen der senkrecht zur Abkühlungsfläche stehenden Eisnadeln führt nicht zum Rücksinken der Partikel an ihren ursprünglichen Ort, sondern infolge der Schwerkraft kommt es zur Verlagerung hangabwärts.

Diese Materialverlagerung führt zur Materialsortierung. Auf waagerecht ebenem Gelände bilden sich Frostmusterböden (s. Abb. 23) in Form von Steinnetzen oder Steinringen mit kreis- und ellipsenförmigen Umrissen. Schon bei geringem Gefälle (ab 2°) geraten die Bildungen des Auftaubodens über der Gleitbahn des dauernd gefrorenen Untergrundes ins Fließen. Es entsteht der Streifenboden, eine hangabwärts gerichtete Verzerrung der Polygone oder Steinkränze.

Die Durchmesser der Polygone sind sehr verschieden, was mit der Länge der Auftauperiode und der damit entstehenden Tiefe des Auftaubodens zusammenhängt.

Bei langandauernder Gefrornis und tiefem sommerlichen Auftauboden erreichen die Frostmusterböden Durchmesser von einigen Metern (bis ca. 7 m). Die tageszeitliche Kammeisbildung bringt meist nur Formen mit geringen Durchmessern, die im Zentimeterbereich (10 - 20 cm) liegen, hervor. Entweder berühren sich die einzelnen Formen unmittelbar, so daß ein Netzwerk entsteht, oder sie liegen völlig isoliert. Die inneren Teile der Ringe bestehen aus feinerdigem, durchtränktem Material mit schwach aufgewölbter Oberfläche. Einige Zentimeter hohe Wälle aus dicht gepackten, oft hochkant gestellten Steinen umschließen die Feinerderinge.

Ursache für die Ausbildung der Frostmusterböden ist der Frosthub und Frostschub. Durch Druckvorgänge beim wiederholten Gefrieren und Auftauen des Bodens, was im jahreszeitlichen oder tageszeitlichen Rhythmus stattfinden kann,

Abb. 24 Kammeissolifluktion

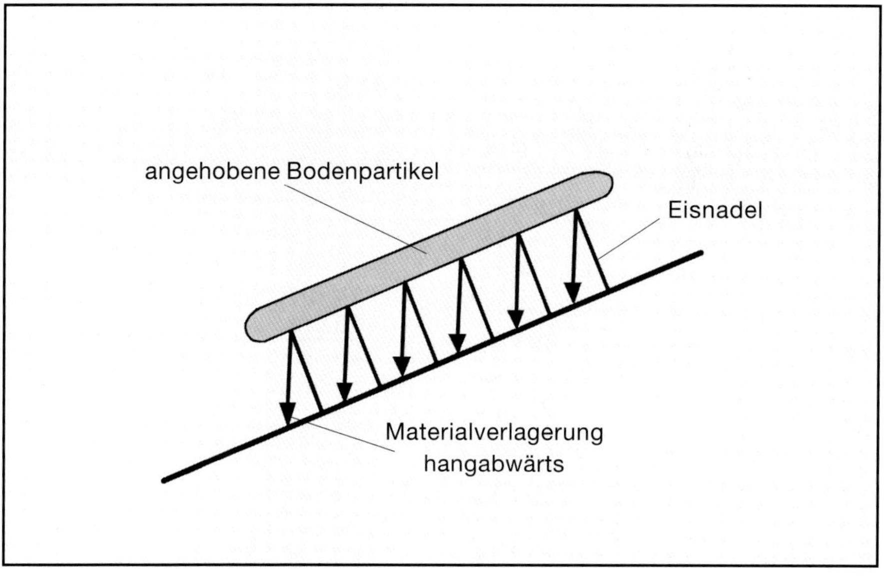

werden die Steine von unten nach oben und von innen nach außen geschoben und hier hochkannt gestellt.

Verbreitung der Frostmusterböden

Am **Rongbuk-Gletscher**, auf der tibetischen trockenen Seite des Mt. Everest-Massivs, findet man in etwa einer Höhe von 5.100 m ü.d.M. große Steinpolygone. Auch auf der Mt. Everest-Südseite, am **Khumbu-Gletscher,** gibt es Frostmusterböden (Strukturböden) in 5.300 m Höhe. Bei einem Jahresniederschlag von rund 400 mm und einem Boden, der von Oktober bis Juli nicht auftaut, haben sich prachtvolle Steinringe, Steinnetze entwickeln können. Sie können als Miniaturformen sowie als Großformen in Erscheinung treten.

Auch Formen der gebundenen Solifluktion wie Rasengirlanden und Streifenböden als Formen der Kammeissolifluktion sind hier anzutreffen. Formen, die aus den tageszeitlichen Frostwechseln hervorgehen, sind weit verbreitet.

Frostmusterböden sind nicht an Dauerfrostbodenareale gebunden. Sie treten in allen Bereichen mit periodisch sich wiederholender Bodengefrornis auf.

Im **Dhaulagiri-** und **Annapurna-Gebirgsmassiv** gibt es **Frostmusterböden** in Form von Steinkreisen und Steinstreifen arktischer Dimensionen, wie sie beispielsweise in West-Spitzbergen vorkommen.

Im **Muktinath-Himalaya** am Thorong La in etwa 5.550 m Höhe findet man diese Frostmusterböden in Form von großen Eiskeilpolygonen.

Diese Art von Polygonen kommen nur in Permafrostgebieten vor und haben eine etwas andersartige Entstehungsgeschichte. Im Winter bei extrem niedrigen Temperaturen zieht sich der gefrorene Boden durch weitere Abkühlung zusammen. Es bilden sich Frostrisse, die sich durch eindringende feuchte Luft mit Eis füllen (Eiskeile) und sich dadurch nicht wieder schließen. Nach Abschmelzen des Eises füllt sich der entstandene Spalt mit Feinerdematerial.

Ein jahrelang sich wiederholender Prozess führt dazu, daß bis 10 m breite mit Feinerde gefüllte Eiskeile entstehen, die sich zu einem Polygonnetz anordnen (ca. 5 - 60 m Durchmesser).

Eine optimale Ausbildungszone der Frostmuster- oder Strukturböden liegt etwa in einer Höhe von 5.500 m. Diese „Strukturbodenoptimalausbildungszone“ konnte nur nördlich des Himalaya-Hauptkammes nachgewiesen werden, da hier ein geeignetes, nicht zu steiles Relief zur Ausbildung dieser Formen vorhanden ist. Südlich des Himalaya-Hauptkammes fehlt ein solches Reliefangebot.

Die Formungsregion des Schnees

Zwischen der periglazialen und der darüberliegenden glazialen Höhenstufe liegt ein Bereich der nivalen Formung. Im periglazialen und nivalen Formungsbereich spielt der Frost sowohl hinsichtlich der Gesteinsaufbereitung als auch hinsichtlich des Transports eine Rolle. Daher wird die nivale Formungsregion auch als ein integrierter Bestandteil der periglazialen Höhenstufe angesehen.

Da sich das fein ziselierte nival geformte Relief sehr deutlich vom plumper geformten Periglazialrelief unterscheidet, kann die nivale Formungsregion auch als eine eigenständige Höhenstufe betrachtet werden.

Die scharfe und feine Ziselierung der nivalen Formungsregion ist auf die Wirkung des Schnees zurückzuführen, der in Form von Schneeflecken auf den Untergrund erodierend (abtragend) wirkt und zur Nischen- und Trichterbildung führt. Die lineare Erosion am unteren Ende der Schneeflekken läßt V-förmige Schmelzwasserbahnen entstehen.

Die glatten Nivationshänge sind verglichen mit den periglazialen Hangformen steiler.

Gebirgsfußstufe

Unterhalb der periglazialen Höhenstufe liegt die Gebirgsfußstufe als tiefste geomorphologische Höhenstufe.

Die Fußstufe der monsunbeeinflußten feuchten, bewaldeten Himalaya-Südseite liegt größtenteils im Bereich der wechselfeuchten Tropen. Sie reicht von Arunachal Pradesh im Osten bis etwa westlich des 82-igsten Längengrades. Ab hier in etwa beginnt der Formungsbereich der trockenen Subtropen.

Kerbtalrelief

Kennzeichnend für die im wechselfeucht-tropischen Klimabereich liegende Gebirgsfußstufe ist ein durch kräftige Linearerosion entstandenes Kerbtalrelief. Intensive Tiefenverwitterungsprozesse zusammen mit den monsunalen Starkregen und der tektonischen Hebung des Himalayas, die die Tiefenerosion der Flüsse anregt, begünstigen die Entwicklung des Kerbtalreliefs. Regelmäßig sich in der Regenzeit wiederholende Bergrutsche führen zu einer zusätzlichen Versteilung der Hänge des Kerbtalreliefs.

Die Linearerosion beginnt damit, daß sich unter der Moderschicht abgestorbener Pflanzen abrinnendes

Wasser in kleineren und größeren Rinnen zu kräftig fließenden Wasseradern sammelt. Durch die dicht wuchernde Vegetation wird die Erosionsleistung des Wassers zwar stark herabgesetzt, jedoch bietet die weiche, leicht angreifbare Verwitterungsdecke der intensiven Tiefenerosion keinen Widerstand.

Gespeist durch ständig vorhandene Feuchtigkeit und sich regelmäßig wiederholende Regengüsse entstehen tiefe Sturzbachkerben in den Flanken der Berge.

Die Flanken tiefer Bacheinschnitte bilden geeignete Austrittsstellen für herabkriechende und zu Tal fließende breiartige Bodenmassen wie **Erdschlipfe** und **Rutschungen**, die gelegentlich Stauungen der Bäche hervorrufen. An besonders steilen Hängen mit spärlichem Vegetationsbesatz lösen sich während der Regenzeit auch **Muren**, ein Gemisch aus Gestein, Erde und Wasser. Innerhalb der Sturzbachkerben wird das Material talwärts transportiert und am Talgrund in Form von Schwemmkegeln abgelagert. Hin und wieder werden durch die abgelagerten Schwemmkegel Flüsse abgedämmt, was mit Überschwemmungen verbunden ist.

Abb. 25 Kerbtal

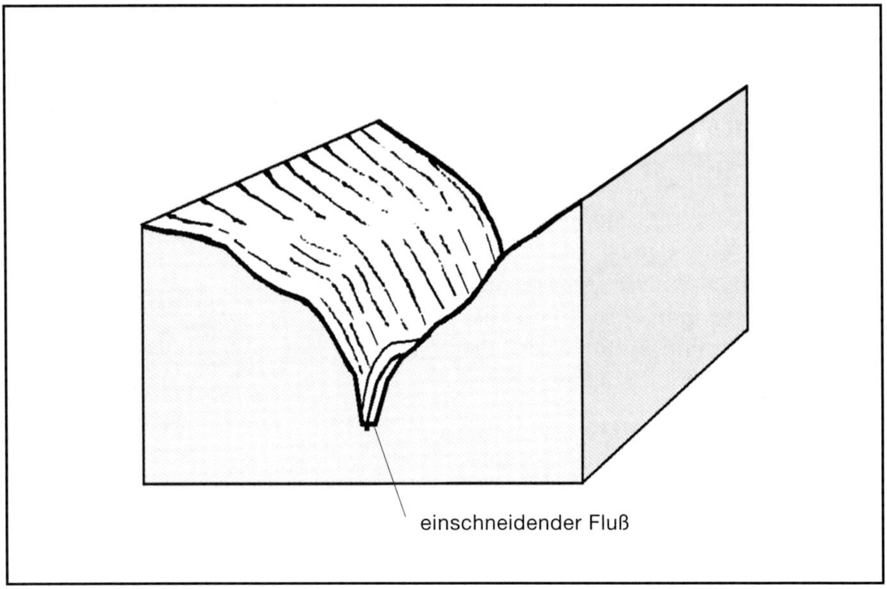

Rote Lateritböden

Die intensiven chemischen Verwitterungsvorgänge führen zu einer tiefgründigen Aufbereitung des anstehenden Gesteins und zur Ausbildung der weit verbreiteten roten Lateritböden.

Unter dem Einfluß ständig hoher Temperatur und Feuchtigkeit sowie einer starken Produktion von biologischer Kohlensäure erfolgt eine intensive Zersetzung des anstehenden Gesteins.

Bei reichlich vorhandenen Wassermengen und absteigendem Grundwasserstrom werden mineralische Nährstoffe ausgelaugt. Es kommt zur Ausscheidung von Eisen-, Aluminium- und Kieselsäureverbindungen, meist in feinster Verteilung. Dabei entstehen neue Stoffe, Sekundärmineralien.

Bei der Zersetzung tonerdehaltiger Silikate, z.B. der Feldspäte, die Hauptbestandteil vieler Gesteine sind (z.B. Granit), unter Abfuhr freier Kieselsäure ins Grundwasser, entstehen Tonmineralien und Tone als chemische Neubildungen. Meist sind sie durch Beimengungen von Sand, Eisenoxid und anderen zu Lehm verunreinigt. Eisenoxid überzieht die Tonminerale und verleiht dem Boden die rote Farbe.

Während der warm-feuchten Monsunperiode wird die freigesetzte Kieselsäure fortgeführt. Al und Fe verbleiben hingegen im Boden und reichern sich, meist innerhalb eines bestimmten Bodenhorizontes (Lateritthorizont), an. Zu einer verstärkten Anreicherung von Fe- und Al-oxiden kommt es, wenn durch seitlich zufließendes Grundwasser aus höherliegenden Gebieten gelöste Fe- und Al-oxide zusätzlich herangeführt werden.

Durch die Al- und Fe-Anreicherung erhält der Boden ein erdiges Aggregatgefüge, was eine hohe Wasserleitfähigkeit und günstige Luftverhältnisse gewährleistet. Trotz dieser für Pflanzen günstigen Bodeneigenschaften sind diese Böden schwer zu kultivieren, da sie sehr nährstoffarm sind und leicht austrocknen.

Die Lateritisierung findet unter Waldvegetation statt. Die Bäume wurzeln in einem lockeren, rötlich gefärbten Boden, der dem lateritisierten Bodenhorizont (Fe- und Al-Anreicherungshorizont) auflagert.

Die Zerstörung der natürlichen Vegetation durch den Menschen führt dazu, daß die Böden der gerodeten Flächen während der Trockenphasen des herrschenden tropisch-wechselfeuchten Klimas sehr stark austrocknen. Die lateritischen Horizonte verhärten dadurch im Laufe der Zeit zu festen Lateritkrusten.

Nach Beseitigung der natürlichen Waldvegetation trocknet der Boden nicht nur aus, sondern unterliegt vermehrt der Erosion (Abtragung). Verhärtete Laterithorizonte (Lateritkrusten) in tieferen Bodenbereichen können durch fortwährende Abtragung des auflagernden lockeren Oberbodens freiglegt werden, so daß der Laterithorizont die heutige Oberfläche bildet

Standorte mit einer nur geringmächtigen Auflage lockeren Bodens über einem verhärteten Laterithorizont können zum Teil noch für den Anbau von Citrus, Reis usw. oder als Weideland genutzt werden. Standorte, wo die verhärteten Lateritkrusten allerdings bis nahe an die Oberfläche reichen, lassen sich zum Teil nur nach jahrelanger Wald- oder Steppenbrache wieder kultivieren.

Fruchtbarkeit der Böden

Die Fruchtbarkeit der lateritischen Gebirgsböden nimmt in der Regel mit Abnahme der Niederschlagsmengen zu. Auf fruchtbareren Standorten unter Aw-Klimabedingungen (s. S. 60) wachsen tropische Kulturen jeder Art, mit zusätzlicher Bewässerung auch Reis.

Unter Af-Klimabedingungen werden die im Boden befindlichen Nährstoffe durch die hohen Niederschlagsmengen und den beständig zum Grundwasser gerichteten Bodenwasserstrom verstärkt ausgewaschen, was zu einer Verarmung der Böden führt.

Tarai

An das Kerbtalrelief der tropischen Gebirgsfußstufe schließt sich ein ebener ca. 50 km breiter Tarai-Gürtel an, der den Himalayafuß vom Sutlej im Westen bis Assam im Osten säumt. Es handelt sich um ein feuchtes, sumpfiges, tropisches Regenwaldgebiet.

Gebirgsfußflächen und Hochbecken

Die Niederschlagsmengen nehmen im Himalaya von Osten nach Westen deutlich ab, wodurch das Landschaftsbild ein anderes Aussehen bekommt. Die kerbtalähnliche Zertalung läßt merklich nach, und die roten Böden werden ersetzt durch graubraune Steppen- und Halbwüstenböden.

Westlich von Nepal, etwa ab Uttar Pradesh/Himachal Pradesh findet im Gebirgsfußbereich des Himalayas Pediment- und Glacisbildung statt.

Glacis und Pedimente

Glacis und Pedimente sind geneigte Flächen am Fuße von Gebirgen. Sie sind an Scharnierzonen zwischen kleinräumig wechselnden Hebungs- und Senkungsschollen (Verwerfungen s. Abb. 20, S. 111) geknüpft.

Glacis-Flächen bilden sich in weicheren, wechselharten Sedimentgesteinen aus. Sie bilden meist ein Glacis-System, bestehend aus mehreren Terrassenniveaus. Ausgedehnte Pedimentflächen hingegen haben sich in härteren, kristallinen Gesteinen ausgebildet.

Klimatisch gesehen handelt es sich hier um den Bereich der trockenen Subtropen, wo die physikalische Verwitterungsform gegenüber der chemischen dominiert. Aufgrund von physikalischen Verwitterungsprozessen, die das anstehende Gestein mechanisch zerkleinern, entsteht Gesteinsschutt, der mit den Flüssen und Bächen aus dem Gebirge heraustransportiert und als **Schwemmschuttfächer** im Gebirgsfußbereich abgelagert wird (s. Foto 2, S. 18). Je nachdem wie groß die Transportkraft der Flüsse ist, wird das Gesteinsmaterial weiter oder weniger weit vom Gebirgsfuß entfernt abgelagert.

Bei einer Transportkraft, die ausreicht, das Gesteinsmaterial sehr weit vom Gebirgsfuß fort zu transportieren, bildet sich direkt am Gebirgsrand eine freiliegende Felsfußfläche (Pedimentfläche), an der die Verwitterung angreifen kann.

Mechanische Verwitterungsprozesse zerrütten das Gestein und zehren allmählich den bestehenden Gebirgsrand immer weiter auf. Der anfallende Gesteinsschutt wird mit Hilfe der Flüsse wieder abtransportiert, so daß sich erneut eine freiliegende Felsfußfläche ausbildet. Der ehemalige Gebirgsrand ist verschwunden, zurückverlegt und durch einen Flachbereich ersetzt worden.

Hochbecken

Ein immer wiederkehrender Prozess von mechanischer Gesteinsverwitterung und Abtransport durch die Flüsse läßt die einzelnen, hintereinandergeschalteten Gebirgsketten immer weiter zurückweichen. An ihre Stelle tritt ein Beckenbereich, der sich im Laufe der Zeit bei gleichbleibenden Klima- und Verwitterungsbedingungen allmählich ausdehnt. So sind große Wüstenbecken der Erde und Hochbecken der Gebirge wie das **Becken von Kashmir** entstanden.

Wie schnell sich solche Becken ausdehnen können, hängt zu einem Großteil von der Transportkraft der Flüsse ab, die wiederum von klimatischen Bedingungen abhängt. Geht die Transportkraft der Flüsse infolge veränderter Klimabedingungen zurück und reicht nicht mehr aus, das anfallende Verwitterungsmaterial sehr weit vom Gebirgsrand entfernt abzulagern, dann wird der Gesteinsschutt auf der Felsfußfläche abgelagert. Die auflagernde Schuttdecke schützt die Felsfußfläche vor der Verwitterung, so daß sich der Prozess der Hangrückverlegung und Beckenbildung verlangsamt. Liegt keine schützende Schuttdecke auf der Felsfußfläche, dann kann die Verwitterung besonders gut angreifen und die Gebirgshänge schneller zurückverlegen.

Die hintereinandergeschalteten Gebirgsketten des Himalayas sind durch Längstalfurchen, die von großen Längstälern eingenommen werden, voneinander getrennt.

Seit der Bildung des Himalayas sind diese Längstalfurchen durch verschiedenartige Verwitterungsvorgänge innerhalb des Gebirgsbogens umgestaltet und geformt worden. Im feuchten Osten und im mittleren Himalaya liegen die Gebirgsketten relativ dicht beieinander und sind kerbenförmig zugeschnitten.

Im trockeneren West-Himalaya haben die dort herrschenden Klimabedingungen zu einer Verbreiterung und Umgestaltung der Längstalfurchen in Hochbecken geführt, wie das Becken von Kashmir zeigt.

Nachwort

Geschrieben worden ist dieser Reiseführer aufgrund einer wachsenden Nachfrage nach Studienreisen allgemein und besonders nach Natur-, Erlebnis-, Expeditions-Studienreisen sowie Trekkingreisen. Eine anspruchsvolle, auf ein naturinteressiertes Reisepublikum abgestimmte Reiseliteratur, die sich mit geowissenschaftlichen Fragestellungen beschäftigt, erschien eine Marktlücke zu sein.

Ziel war es, einen Reiseführer herauszubringen, der ein ergänzendes oder je nach Interessenlage auch ein Alternativ-Angebot zu den im Handel erhältlichen Kunst- und Kulturreiseführern darstellen soll.

Die Idee zu diesem Reiseführer entstand aus der Feststellung heraus, daß mit dem Himalaya, sei es in Büchern oder in Filmen, meist nur die Kunst und Kultur dieser Region in Verbindung gebracht wird. Der Landschaft wird dabei nur die Rolle einer schmückenden Begleiterscheinung, eines Zusatzbonbons, das sozusagen gratis mitgeliefert wird, zugedacht. Die Landschaft mit ihren Natursehenswürdigkeiten und -phänomenen war aber bereits vor der Kultur da. Bestimmte Naturphänomene spielten sogar bei der Gründung von kulturellen Einrichtungen wie Kloster- und Tempelanlagen eine Rolle. Der Erdgeschichte sollte daher der gleiche Stellenwert eingeräumt werden wie der Kunst- und Kulturgeschichte einer Region, eines Landes. Zudem ist es für den anspruchsvollen Reisenden sicherlich unbefriedigend, bestimmte Naturphänomene zwar bestaunen zu dürfen, aber deren Entstehungsgeschichte nicht kennenzulernen.

Dieser Reiseführer basiert vornehmlich auf der Grundlage von Primärliteratur, die weitestgehend den aktuellen wissenschaftlichen Kenntnisstand widerspiegelt. Der Kontakt zur Universität macht es möglich, dem Leser neueste Forschungsergebnisse, aufgearbeitet und in einen verständlichen Sprachstil gebracht, mitzuteilen. Selbstverständlich konnte nur eine Auswahl wichtiger und lohnender Mitteilungen zu einzelnen Themenbereichen getroffen werden. Einige Bereiche sind sicherlich weniger ausführlich als gewünscht und andere dafür intensiver behandelt worden.

Literaturverzeichnis

Allissow B.P. (1956): Lehrbuch der Klimakunde, Berlin.

Blümel W.D. (1996): Das „ewige“ Eis als Kimasensor. Ergebnisse der Spitzbergen-Expedition, Mitteilungen der deutschen Forschungsgemeinschaft (DFG), Stuttgart, S. 4 - 8.

Blüthgen (1966): Allgemeine Klimatographie, Berlin, S. 470 - 478.

Blüthgen/Weischet (198O): Allgemeine Klimageographie, Berlin, New-York.

Bögl H. (1986): Geologie in Stichworten, Unterägeri.

Büdel J. (1977): Klimageomorphologie, Berlin-Stuttgart, 3O4 S.

Dewey J.F. et. al. (1988): The tectonic evolution of the Tibetan Plateau, In: Chang Chengfa et. al. (Eds). The Geological Evolution of Tibet, London, S. 379 - 413.

Domrös M./Peng Gongbing (1988): The Climate of China, Berlin, Heidelberg, New York, 36O S.

Frenzel B. (196O): Die heutige Vergletscherung und Schneegrenze in Hochasien mit Hinweisen auf die Vergletscherung der letzten Eiszeit. - In: Akad. d. Wiss. u. Lit., Abh. d. math. nat. wiss. Kl. 14, Mainz, S. 11O3 - 14O7.

Hövermann J. u. Hagedorn H. (1983): Klimatisch-geomorphologische Landschaftstypen. - 44. Dt. Geographentag Münster, Tagungsbericht u. wiss. Abh., Stuttgart 1984, S. 46O - 466.

Hövermann J. (1985): Das System der klimatischen Geomorphologie auf landschaftskundlicher Grundlage. Zeitschrift für Geomorphologie N.F., Suppl. Bd. 56, Berlin-Stuttgart, S. 143 - 153.

Hövermann J. (1986): Die tibetanische Seenplatte. Formen der Glazialerosion. - In: Göttinger Geographische Abh., Heft 81, Göttingen, S. 21 - 27.

Hövermann J. et. al. (1989): Berichte über die chinesisch-deutsche Tibet Expedition 1989, - Geographisches Institut der Universität Göttingen.

Hövermann J. u. F. Lehmkuhl (1993): Bemerkungen zur eiszeitlichen Vergletscherung Tibets. Mitt. d. Geogr. Ges. zu Lübeck. 58: 137 - 158.

Kuhle M. (198O): Klimageomorphologische Untersuchungen in der Dhaulagiri- und Annapurna-Gruppe. - In: Tagungsb. u. wiss. Abh. 42. Dt. Geographentag 1979, S. 244 - 247.

Kuhle M. (1982): Der Dhaulagiri- und Annapurna-Himalaya. Ein Beitrag zur Geomorphologie extremer Hochgebirge, Zeitschrift f. Geomorphologie, Suppl. - Bd. 41, S. 1 u. 2, 229 u. 184.

Kuhle M. (1982 b): Was spricht für eine pleistozäne Inlandvereisung Hochtibets? Sitzungsberichte und Mitteilungen der Braunschweiger wissenschaftlichen Gesellschaft, Sonderheft 6, S. 19 - 23.

Kuhle M. (1986): Internationales Symposium über Tibet und Hochasien, Göttingen, Geogr. Abh., Heft 81.

Kuhle M. (1988 a): Zur Auslöserrolle Tibets bei der Entstehung von Eiszeiten. - Spektrum der Wissenschaft, Weinheim, 1, S. 16 - 2O.

Kuhle M. (1988 c): Eine reliefspezifische Eiszeittheorie. - Geowissenschaften, Weinheim, 5, S. 142 - 15O.

Kuhle M. (1989): Die Inlandvereisung Tibets als Basis einer in der Globalstrahlungsgeometrie fußenden reliefspezifischen Eiszeittheorie. - Petersmanns Geographische Mitteilungen, Gotha, 4, S. 265 - 285.

Kuhle M. (1991): Glazialgeomorphologie, Darmstadt.

Köppen W. (1931): Grundriß der Klimakunde, Berlin, Leipzig.

Lehmkuhl F. (1991/1992): Breitböden als glaziale Erosionsformen - Ein Bericht über Vergletscherungstypen im Qilian-Shan und im Kunlun-Shan (VR China). Z. f. Gletscherkunde u. Glazialgeologie. 27/28: 51 - 62.

Lehmkuhl F. (1994 b): Geomorphologische Untersuchungen zum Klima des Holozäns und Jungpleistozäns Osttibets. Habilitationsschrift. Göttingen, 214 pp.

Machatschek F. (1973): Geomorphologie, Stuttgart.

Marcinek J. (1984): Gletscher der Erde, Leipzig.

Meyers Kontinente und Meere, Mannheim 1973.

Miehe G. (1984): Vegetationsgrenzen im extremen und multizonalen Hochgebirge (zentraler Himalaya). In: Erdkunde, Bd. 38, Bonn, S. 268 - 277.

Miehe G. (1991): Sonderdruck aus Mitt. d. Bundesforschungsanstalt f. Forst- u. Holzwirtschaft, Hamburg, S. 1 - 137.

Müller-Hohenstein K. (1981): Die Landschaftsgürtel der Erde, Stuttgart.

Murawski H. (1983): Geologisches Wörterbuch, Stuttgart.

Raghavan K. (1979): Summer weather and climate of the Himalaya. In: Weather, 34, S. 448 - 455.

Rathjens C. (1982): Geographie des Hochgebirges, Stuttgart.

Scheffer/Schachtschabel (1989): Lehrbuch der Bodenkunde, Stuttgart.

Schmidt K. (1978): Erdgeschichte, Berlin, New-York.

Schmithüsen J. (1968): Allgemeine Vegetationsgeographie Band IV, Berlin.

Schumann W. (1982): Steine und Mineralien, München, Wien, Zürich.

Schweinfurth U. (1957): Die horizontale und vertikale Verbreitung der Vegetation im Himalaya, Bonn.

Spektrum der Wissenschaft: Die Dynamik der Erde, Heidelberg 1987.

Spektrum der Wissenschaft: Ozeane und Kontinente, Heidelberg 1987.

Spektrum der Wissenschaft: Atmosphäre, Klima, Umwelt, Heidelberg 199O.

Walter H./Breckle S.W. (1984): Ökologie der Erde, Band 2, Stuttgart.

Walter H./Breckle S.W. (1991): Ökologie der Erde, Band 4, Stuttgart.

Westermann Lexikon der Geographie Band I-IV, Braunschweig 1973

Wilhelmy K. (1974): Klimageomorphologie in Stichworten, Coburg.

Wilhelmy K. (199O): Geomorphologie in Stichworten, Rendsburg.

Wissmann H.v. (1959): Die heutige Vergletscherung und Schneegrenze in Hochasien mit Hinweisen auf die Vergletscherung der letzten Eiszeit. In: Abh. d. Math. nat. wiss. Kl. Jg. 1959, Nr. 14, Wiesbaden, S. 1114 - 1231.

Quellennachweis der Abbildungen, Tabellen u. Karten

Die Abbildungen und Tabellen wurden eigens für diesen Reiseführer hergestellt. Zum einen handelt es sich um völlig neue Entwürfe und zum anderen um veränderte Vorlagen.

Zu den veränderten Vorlagen zählen folgende Abbildungen und Tabellen:

Abb. 2, Aufbau der Erde, verändert n. Bögl H. (1986). Aus: Geologie in Stichworten.

Abb. 3, Plattengrenzen, verändert n. Sclater J. G. u. Tapscott Ch.(1979). Aus: Spektrum der Wissenschaft/Ozeane und Kontinente.

Abb. 4-6, Lage der Kontinente im Erdzeitalter, verändert n. Dietz u. Holde (197O). Aus: Schmidt K., Erdgeschichte (1978).

Abb. 11, Coriolis-Kraft und Windgürtel der Erde, verändert n. Fortak (1971).

Abb. 12, Niederschlagszonen der Erde, verändert n. Seidlitz (1965).

Abb. 13-14, Monsunwinde und -niederschläge, verändert aus: Atlas - Unsere Welt (1970).

Abb. 17, Vegetationshöhenstufen, verändert n. Haffner 1979. Aus: Geographische Rundschau, Heft 12/1983.

Abb. 19, Flußmäander mit Entstehung eines Umlaufberges, verändert n. Wagner G.. Aus: Wilhelmy K., Geomorphologie in Stichworten (199O).

Abb. 20, Gehobener Gebirgskomplex mit Durchbruchsfluß, verändert n. Machatschek F. (1973). Aus: Geomorphologie.

Abb. 21, Trogtal (U-Tal), verändert n. Machatschek F. (1973). Aus: Geomorphologie.

Abb. 22, Dammgletscher, verändert n. Wissmann H. v. (1959). Aus: Abh. d. Math. nat. wiss. Kl. Jg. 1959, Nr. 14.

Abb. 23, Periglazialphänomene, verändert n. Schäfer (1965). Aus: Müller-Hohenstein K./ Die Landschaftsgürtel der Erde (1981).

Abb. 24, Kammeissolifluktion, verändert n. Wilhelmy K. (199O). Aus: Geomorphologie in Stichworten.

Abb. 25, Kerbtal, verändert aus: Meyers Kleines Lexikon der Geographie (1986).

Tabelle 1, Legende zur Klimaklassifikation, verändert n. Köppen W. (1931). Aus: Grundriß der Klimakunde.

Tabelle 2, Klimadaten, verändert n. Domrös M. and Peng Gongbing (1988). Aus: The Climate of China und verändert n. Müller M. (1979). Aus: Handbuch ausgewählter Klimastationen der Erde.

Tabelle 5, Zeittafel, verändert aus: Schmidt K. (1978), Erdgeschichte.

Kartenmaterial: Mountain High maps.

Quellennachweis der Fotos

Das gesamte Bildmaterial wurde von Professor Dr. M. Kuhle, Geographisches Institut Göttingen, zur Verfügung gestellt.

Tabelle 5 **Zeittafel**

	Periode	Epoche	Beginn vor Mio. Jahren
Känozoikum	**Quartär**	**Holozän**	
		Pleistozän	2,5
	Tertiär	**Pliozän**	6
		Miozän	26
		Oligozän	38
		Eozän	55
		Paleozän	65
Mesozoikum	**Kreide**	**Obere**	100
		Untere	140
	Jura	**Malm**	160
		Dogger	176
		Lias	195
	Trias	**Obere**	210
		Mittlere	225
		Untere	230
Paläozoikum	**Perm**	**Oberes**	250
		Unteres	280
	Karbon	**Siles**	325
		Dinant	345
	Devon	**Oberes**	360
		Mittleres	370
		Unteres	395
	Silur		435
	Ordovizium		500
	Kambrium	**Oberes**	515
		Mittleres	540
		Unteres	570
Präkambrium			

Zentraler Himalaya

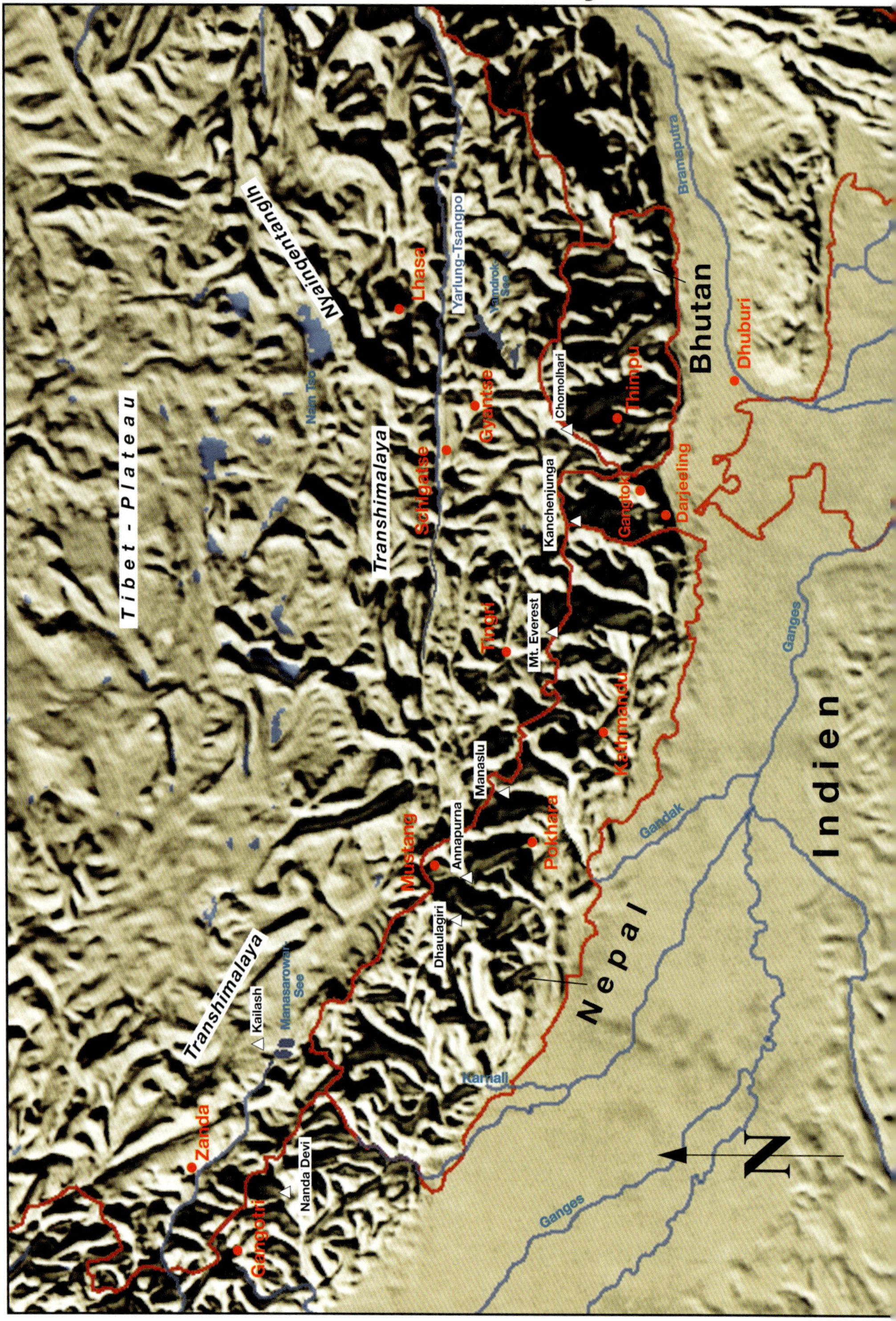

Westlicher Himalaya